苏 烨／著

忌技术与高中英语教学
度融合的应用研究

辽宁人民出版社

U0678838

图书在版编目(CIP)数据

信息技术与高中英语教学深度融合的应用研究 / 苏
烨著. — 沈阳 : 辽宁人民出版社, 2024.9
ISBN 978-7-205-11130-4

Ⅰ. ①信… Ⅱ. ①苏… Ⅲ. ①英语课—教学研究—高
中 Ⅳ. ①G633.412

中国国家版本馆 CIP 数据核字(2024)第 083808 号

出版发行 : 辽宁人民出版社
　　　　地址 : 沈阳市和平区十一纬路 25 号 邮编 : 11003
　　　　电话 : 024-23284321(邮　购) 024-23284324(发行部)
　　　　传真 : 024-23284191(发行部) 024-23284304(办公室)
　　　　http://www.lnpph.com.cn
印　　刷 : 沈阳海世达印务有限公司
幅面尺寸 : 170mm×240mm
印　　张 : 13.5
字　　数 : 210 千字
出版时间 : 2024 年 9 月第 1 版
印刷时间 : 2024 年 9 月第 1 次印刷
责任编辑 : 张天恒　王晓筱
装帧设计 : 识途文化
责任校对 : 吴艳杰
书　　号 : ISBN 978-7-205-11130-4
定　　价 : 68.00 元

前 言

PREFACE

21世纪是信息社会和知识时代。随着社会经济的高速发展，教育行业面临着前所未有的挑战。英语作为世界通用语言，随着网络技术的迅猛发展已成为21世纪公民必备的生活、工作条件之一。在信息化时代，怎样使英语教学紧跟时代潮流，实现繁荣发展，是教育面临的一大重要课题。将信息技术与英语学科进行合理整合，已成为当前教育教学改革的发展方向，也是深化学科教学改革的根本途径。本书在吸收前人优秀理论成果的基础上，结合自身的教学实践，从七个方面对信息技术与高中英语教学深度融合的应用研究进行探讨。首先，本书系统阐述了信息技术与高中英语教学深度融合的理论基础、融合依据，信息技术背景下的高中英语教学模式探索，主要包括微课教学模式、翻转课堂教学模式、慕课教学模式；其次，围绕信息技术与高中英语教学深度融合的可行性策略，从九个方面着重探究了信息技术与高中英语教学深度融合的路径；最后，分别阐述了如何在高中英语口语教学、高中英语听力教学、高中英语阅读教学、高中英语写作教学中融合信息技术的策略。本书旨在提升学生的高中英语核心素养，实现在互联网时代提升学生学习并能真正运用英语的能力。

本书以高中英语教学为例，对信息技术与高中英语教学二者的结合方式进行深入的探讨，并构建了切实可行的高中英语教学系统模式，旨在形成有效的高中英语教学方法，助力高中英语教师树立全新的英语教学理念，为高中英语教学提供方法指导。尽管本研究存在许多局限和不足，但我们希望本书能够引发广大英语教育工作者的思考，且能为高中英语教学提供一些有价值的建议和具体的教学参考，从而为高中英语教学注入更多活力。

目 录
CONTENTS

第一章 信息技术与高中英语教学深度融合的概述

第一节 信息技术与高中英语教学深度融合的理论基础

一、信息技术的概念

信息技术是区别于农业技术、工业技术、能源技术、商业技术等技术门类的一种技术。在社会经济活动中一直是存在的，从历史的角度来看，信息技术经历了古老的"结绳记事""穿珠计数"，到文字的发明和印刷术、指南针的问世，再到电报、电话等通信技术应用，直到今天的以计算机技术为典型代表的现代信息技术的广泛应用。现代信息技术得到革命性的发展，信息技术对社会经济活动的影响越来越大，因而有必要深入研究信息技术的概念和分类。

信息技术的概念，在不同的学科领域，不同的学者有不同的看法，比如："信息技术是指完成信息收集、存储、加工、发布、传送和利用等技术的总和""信息技术是用于信息操作的各种方法和技能，以及工艺过程或作业程序的相关工具及物质设备"；国际标准化组织（ISO）的定义是"针对信息的采集、描述、处理、保护、传输、交流、表示、管理、组织、储存和补救而采用的系统和工具的规范、设计及其开发"

"自然技术是硬技术，社会技术是软技术……如果说硬技术是指生产力的话，那么软技术就是指生产关系和上层建筑的内容。新的广义的技术的概念应该包括硬技术和软技术两个方面……"。因此，根据技术经济学新的广义技术的概念，笔者认为，信息技术是指一切涉及信息的生产、收集、存储、处理、流通和应用的技术、相关方法、制度和技能，以及相关工具和物质设备等。信息技术涵盖软、硬信息技术范畴，也就是说，信息技术是涉及信息的一切自然技术和社会技术，包括信息劳动者的技能、信息劳动工具和信息劳动对象，也包括信息技术的管理制度、方法体系、解决方案、系统集成和服务体系等。

二、英语教学的内涵与基本原则

（一）英语教学的内涵

教学是学生在教师的引导下，在有计划的、系统性的过程中，依据一定的内容，按照一定的目的，借助一定的方法和技术，主动学习和掌握知识、技能，从而获得全面发展的活动。英语教学是一种教育活动。对教师而言，教学是引导学生学习的教育活动；而对学生来说，教学则是在教师的引导下的学习活动。学生是否得到发展是教学能否实现其目标的关键。教学是一个师生互动的过程，是教师教和学生学，共同完成预定任务的双边统一的活动。具体来说，英语教学的内涵主要体现在以下几个方面。

1.英语教学是有目的的活动

英语教学的不同阶段有着不同的目标，而教学目标又具体分为不同的领域与层次。

2.英语教学带有系统性和计划性

这种系统性主要体现在其制定者主要为教育行政机构、教研部门和学校的教学管理者等。英语教学的计划性指的是对英语基础知识的计划性教学，如英语语音、词汇、语法、写作、阅读等具体知识和技能的传递。

3.英语教学需要采取合理的教学方法和教育技术

英语教学经过深厚的历史积淀，形成了大量有效的教学方法。现代科学技术，尤其是信息技术的发展，为英语教学提供了可以借助的多种教育技术。

综上所述，我们可以将英语教学的内涵概括为：教师依据一定的英语教学目的与教学目标，在有计划的系统性的过程中，借助一定的方法和技术，以传授和掌握英语知识为基础，促进学生整体素质发展的教与学相统一的教育活动。

（二）英语教学的基本原则

1.以学生为中心原则

以学生为中心是英语教学的首要原则。以学生为中心原则要求教师在英语教学过程中充分尊重学生的主体地位，遵循学生英语学习的自然规律。也就是说，教师应该将自己的"教"建立在学生的"学"之上，一切活动都要围绕学生的学习进行。

2.兴趣原则

兴趣是推动学生认识事物、探索知识、探求真理、从中体验学习情趣的推动力。学生只有对学习充满兴趣才会积极主动地探求并解决问题。因此，在英语教学中，教师应该重视兴趣的巨大作用，努力调动学生的情感内因，激发学生对英语学习的强烈愿望，使他们喜欢学、乐于学，以获得更好的学习效果。具体来说，英语教师在调动和培养学生英语学习的兴趣时可从以下两个方面入手：

（1）充分了解学生的特点。教师要充分了解学生的特点，尊重学生的主体性。教师必须清楚地认识到学生是英语课堂的主体，学生只有积极主动地尝试与创造，才能获得认知和语言能力的发展，教学活动也才能达到预期的效果。教师要从学生的心理和生理特点出发，遵循语言学习规律，采用多种教学方式培养学生兴趣，让学生通过体验和实践进行学习，形成语感，提高交流能力。

（2）对教材进行深度挖掘。教材在英语教学中有着举足轻重的地位，教师在备课过程中，应当认真研究教材，挖掘教材中的兴趣点，以减少教材的枯燥感，保持每堂课的新鲜感，保证教学内容和活动能让学生感兴趣，争取最大限度地调动学生的积极性。

3.合理设置教学目标原则

英语教学是一个有着明确目的的活动，因此教师必须设置一定的目标。如果英语教学的目标不明确或者没有目标，将会大大降低教学效果，甚至毫无效果。从我国英语教学的实际情况出发，教师在设置英语教学目标时应考虑以下几个因素：

（1）英语语言知识，即学生在英语语音、词汇、语法等方面需要掌握哪些知识。

（2）英语语言技能，即学生在英语听、说、读、写、译等方面需要有哪些提升。

（3）情感态度与价值观，即学生要明确判断是非、正误、美丑的标准，提升道德水准。

（4）社会文化意识，即学生要不断扩大自己的视野，了解不同社会的文化背景，增强跨文化交际意识。

（5）学习策略，即学生要提升自己在记忆、比较、归纳、类比等方面的能力。需要指出的是，教学目标的设置不可过于机械、呆板，要有一定的灵活性，需要教师根据实际教学情况进行调整。

4.发展性原则

所谓发展性原则，就是要保证所有学生的智力和非智力因素都得到发展。发展所有学生的智力因素与非智力因素既是教学工作的起点，也是教学工作的终点，还是衡量教学效果的重要标准。

当代英语教学过程既是学生认知、技能与情感交互发展的过程，又是生命整体的活动过程。因此，学生的发展可以看成一个生命整体的成长，并且这个发展过程既有内在的和谐性，又有外在能力的多样性以及身心发展的统一性。要实现英语教学的发展性，需要做到下面三点：

（1）教师要关注每个学生的成长，以保证所有学生都得到发展。

（2）充分挖掘课堂存在的智力和非智力资源，并合理、有机地实施教学，使之成为促进学生发展的有利资源。

（3）为学生设计一些对智慧和意志有挑战性的教学情境，激发他们的探索和实践精神，使教学充满激情和生命气息。思辨能力属于学生人文素养提升的重要组成部分，对于学生的整体素质发展有着重要的影响。在教学过程中，教师需要遵循发展性原则的要求，使学生的能力与素养得到切实提高。

5.综合性原则

当代英语教学还应该重视综合性原则，将语音、词汇、语法等知识结合起来进行交互教学，从而提高教学的实用性。具体来说，综合性原则指导下的当代英语教学应该重视以下几个方面的内容：

（1）整句教学与单项训练相结合

由于英语教学是为了提高学生的语言应用能力，因此在教学中教师最好采用整句教学的方式。学生在学习完语言表达之后就能直接运用，有利于学生语感能力的提高。具体来说，整句教学的顺序是先教授简单句子，然后教授较为复杂和长的句子，将整句教学和单项训练相结合。

（2）进行综合训练

语言学习是一个完整的整体，需要在教学中进行综合训练，也就是结合听、说、读、写四个部分。在当代英语教学中，听、说、读、写能力的培养是教学的主要途径，教师可以训练学生的多种感觉器官，保证四项技能训练的数量、比例、难易程度，从而使学生完成不同的学习任务。

（3）进行对比教学

由于英汉语言的差异性，在当代英语教学中还需要进行对比教学，引导学生在使用语言的过程中学习单词、语法、语音。这种对比教学的方式能够保证整体教学效果的提高。

6.分别组织原则

当代英语教学应遵循分别组织原则，根据具体情况分别组织不同的活动。英语活动通常有大型集体活动、小组活动以及个人活动三种类型，其中以小组活动最为常见。教师应结合学生的英语水平、个人兴趣将其分为不同的小组，如表演小组、会话小组、戏剧小组等，以使学生的个人才华得以发挥。

个人、小组以及大型集体活动相互影响、相互作用。大型集体活动的效果取决于小组活动的质量，而小组活动的效果又取决于个人活动的质量。教师在组织英语活动时，应合理安排这三类活动形式，使三者相互配合，最终提高英语教学效果。

三、信息技术与高中英语教学深度融合的内涵

（一）信息技术与高中英语教学深度融合的本质

什么是信息技术与英语教学深度融合？这是对信息技术与外语教学深度融合本源意义的追问，是进行信息技术与外语教学深度融合理论建构与实践探索的核心基点和逻辑起点。外语教育信息化发展的历程表现为从信息技术与外语教育教学的关系发展进程——辅助、支撑、整合，到现阶段的深度融合。无论是辅助、支撑，还是整合，体现的是一种不直接、不平等、利用的、介入的、单向的关系，只是将信息技术简单地应用于改进外语教学手段、方式这类零散的"渐进式的修修补补"，这在外语教育信息化发展的初级阶段，对于信息技术在外语教学中的应用贡献较大，但由于缺乏在外语教学理论与实践的框架下关照信息技术，未能触及外语教学系统的结构性变革。课堂上知识传递的媒介从"黑

板+粉笔"，变成了"电脑+PPT""视频+音频"。随着信息技术的不断发展，其先进性愈发凸显，在外语教学中的应用愈加广泛、深入，但如果还停留在形式上的简单运用，甚至坚持"技术中心论"而过于依赖信息技术解决外语教学的所有问题，深度融合将难以真正落到实处。

从辅助到深度融合，信息技术与外语教学的关系将会发生本质的转变。深度融合包含着技术与课程的无缝对接、隐性渗透、融为一体的过程。与辅助、支撑、整合不同，深度融合是信息技术与外语教学相互之间的交融关系，是直接的、平等的、交互的、双向的、共生的，二者相互促进、协同创新。要实现这一新关系的转变，需要从外语教育教学的内在需求出发创新信息技术的外语教育教学应用理论与实践。在外语教育教学理论与实践框架下，为信息技术的外语教育教学应用提供理论指引，发挥信息技术作为"利器"的真正作用，使信息技术不再只是改进外语教育教学手段的工具，而是使外语课程、外语课堂、外语学习过程的本体蕴含信息技术，使信息技术完全融入并创新外语课程、创新教师的教和学生的学，最终使外语教学系统的内核——外语课堂结构发生根本性和实质性变革，实现信息技术对外语教育教学发展的革命性影响。

信息技术与外语教学深度融合并非二者的简单叠加，而是一个错综复杂的动态系统工程，需要强化顶层设计，引领深度融合。课程教学是信息技术与外语教学深度融合最核心的部分，是"托起"深度融合系统工程的"支点"。因此，深度融合信息技术的英语课程教学的顶层设计尤为重要，需要团队负责人结合校本校情，做好内涵解读、理念引导、理论支持、需求分析、教学设计、方案制订、师资配置、技术准备、团队协作、资源建设、教学实施、过程管理、教学研究与质量评价等全局性总体规划工作。教师是信息技术与外语教学深度融合的核心生产力，是深度融合的实际"执行者""落实者"，但是信息技术环境下外语教师教学能力的发展与提升并非易事，同样需要顶层设计。团队负责人要做好团队教师整合技术的外语教学能力提升的顶层设计，协调外语教师的技术知识、教学知识和学科知识的总体发展，整合外语教学团队的技术能力、教学能力和学科能力，协同教育技术学和外语教学的研究者与实践者致力于"信息技术→外语教学"及"外语教学→信息技术"双向融合探索，并在教学实践中循序渐进地提升教师融合技术的外语教学能力、教学研究能力和教学理论建构能力。

当前，由于现代信息技术的快速发展，信息技术与英语教学的深度融合要求教学工作者从教学设计的角度，将多媒体的应用考虑进去。多媒体技术的应用，的确可以有效地实现素质教育的诸多目标。在素质教育的思想指导之下，学生能够主动地参与学习过程，能够培养自己的自主学习能力，这些都是教师作为教学的组织者和指导者需要重点完成的。所以，在课堂上，多媒体教学的合理运用就非常重要。在课堂上，教师的指导，学生与学生之间的互动式学习策略等也是非常重要的，所以教师要注重自身的语言，注重自己幽默化教学语言的形成，这样才能在教学中促进学生的积极学习。教师作为整个课堂的指导者和设计者，多媒体教学应该是一种手段，一种实现自己教学设计的辅助工具。所以，传统的板书式教学，口头语言式的讲授教学，都不能荒废，而是要与多媒体信息技术的教学融合起来，发挥其应有的作用。

基于现有教学探索与实践，笔者认为信息技术与英语教学的深度融合至少包含两个方面：一是优质资源共建、共享及应用；二是信息技术与外语教学深度融合的实践教学研究与理论建构。信息技术与外语教学深度融合背景下，实现优质教与学资源共建、共享以及多方共赢是深度融合得以持续、健康发展的关键基础。

（二）信息技术与高中英语教学整合的基本原则

1.保证教学目标的同一性

在将信息技术整合于教学和学习的具体过程中，应注意整合课程的基础目标与学生发展目标的协调统一。在信息技术与英语教学整合的过程中，应首先保证教学目标的实现，在此基础上将学生信息素养培养等发展性目标有机融合进来，并与课程基础目标协调一致，理清新课程基础目标与发展性目标之间的内在联系，合理设计信息技术与英语课程整合活动，始终保持与教学目标的一致性。

2.保证整合的有效性

信息技术与课程的整合就是期望通过信息技术的介入，能够有效地改进现有的教学方式；通过发挥计算机网络资源丰富、交互便捷的特点，发掘学生最大的学习潜能，最大限度地提高教育质量。对信息资源载体的使用，要做到充分考虑，不能不加选择地将信息技术应用于所有教学内容和教学活动中。在确定有必要使用信息技术时，应根据具体教学内容的特点，根据教学目标的需要，选择和组合合适的信息技术工具和资源，即应根据教学和学习的需要剪裁技术，根据学生自身知识结构的变化、能力的提高、情商的发展，利用信息技术的优势和特点，最大限度地提高效果。

3.保证与其他教学方式和教学活动的兼容性

《普通高中英语课程标准（2017年版2020年修订）》的确立旨在培养全面发展的人才，这就要求教师综合选用多种教学方式和教学工具，应将信息技术的应用与学生的独立思考、理解探究，尤其是听、说、读、写等多种需要动手或参与和体验的活动方式结合起来。避免信息技术应用与其他活动方式的对立，不能为了使用信息技术而剥夺学生的实践机会和切断学生与社会、自然的联系。

4.注意教育成本问题

信息技术的应用成本要远高于其他教学技术，因此，在使用信息技术之前，要注意论证信息技术在实现当前教学目标方面是否具有不可替代的优势。也就是说，在进行教学设计的过程中，如用传统的教学手段（黑板、挂图、模型、教师的演示等）就能够很好地解决教育教学的难点和重点，就没必要浪费人力、财力去特意准备多媒体信息了。充分发挥信息技术工具与其他较传统的教学工具、数字化教学资源和非数字化教学资源之间的互补性，综合运用，发展整体效益，才是信息技术与课程整合的根本。

5.保证丰富的资源

信息技术与课程整合的目标之一就是为了培养学生具有良好的信息素养。在整合中，教学资源起着重要的作用，教师要方便快捷、高效地运用各种信息资源进行教学，为学生提供丰富的学习资源，培养学生的信息意识，信息获取、加工、处理、分析和综合评价能力。此外，教学信息资源的组合应该是网状的，有引导性的，应满足不同层次学生学习的需要。

6.因材施教、因"地"制宜的原则

每个学生的具体学习情况有所不同，教师不能用同一种教学方式对待所有的学生，不能忽视每个学生的个体差异。与此同时，教师在教学的过程中，还应注意每个新的知识点的不同，并思考运用哪种教学方式更能使学生简单地了解这个知识内容，这些都是需要花时间考虑的。

一些课程的选择也与教师的教学成果息息相关。在网络技术整合教学的大前提之下，教师必须协调好哪些知识内容适合怎样的教学模式，合理地做好资源分配，做到资源的合理化配置。通过合理的协调，使网络技术整合教学的优势得到最大限度的发挥，注重网络技术整合教学与传统教学方式的有效结合，突出教学方式对教学成果的良好作用。不同的课程内容、知识要点需要配合不同的教学理念与教学手段。每种教学方式都有其可取之处，关键在于其实施的对象要正确。网络技术整合教学同传统的教学方式的选择需要视具体的教学情况而定，不能盲目地选择，否则会起到适得其反的效果。实现网络技术整合教学与传统教学方式的结合是得到良好教学效果的基础。

（三）信息技术与英语教学融合的现实意义

随着"互联网+"教育的深入发展，信息技术对于教育的影响越来越大，对英语学科更是如此。信息技术与英语教学融合的现实意义主要有以下几个方面。

1.信息技术为情境创设提供技术支撑

新课程改革背景下，英语教学要更加关注学生的主体性、课堂的创造性，而这些都离不开教学情境的创设，教师创设教学情境，调动学生的综合感官，打造知识可视化、语义情境化的高中英语课堂，尤其需要信息技术这一辅助工具。图文并茂、声音辅助是当前信息技术与高中英语教学融合的具体形式，而图片画面的呈现，文字和声音的传递都需要借助信息技术来实现。

2.在教学中结合信息技术能有效激发学习兴趣

如何调动学习兴趣，激发学习热情是困扰英语教师的一大难题，因为背单词、记语法等枯燥的学习任务的存在，使得学生课堂的参与积极性不高，上课犯困、一讲就睡、一做就错的现象屡见不鲜。但作为一门语言学科，高中英语学习又十分重要。信息技术与英语教学的融合能够为学生呈现图文并茂的学习内容，能够让学生获得综合视听的感官体验，可以创设轻松愉悦的课堂环境，调动学生的参与主动性和学习热情。

导入是课堂教学中的一个重要环节，巧妙的导入设计可以激发学生的兴趣，启迪思维。信息技术与英语教学融合体现在导入环节，就是呈现方式多元化，激发学习兴趣。顺应教育改革的趋势，当下的英语教学应时而变，改变了传统课堂教师知识灌输、学生接受的模式，强调学生主体的主动学，而兴趣就是打开主动性大门的钥匙。教师在设计导入环节时就可以借助信息技术手段整合教学资源，进行运动项目的展示和运动健儿的介绍，也可以节选开幕式的影音资源，唤醒学生的好奇心，抓住时机展开教学。

在实际教学过程中可以发现：对于个别知识点，学生存在普遍疑难，而这类知识点便是教师在教学过程中要使学生不断突破的重难点问题。对于这部分问题，学生经常是"听了会，做便错"，或者是"当场会，过后忘"。多遍重复教学常常让教师苦不堪言，既浪费时间又收效甚微，而教师借助信息技术制作微课便能够解决这一难题。在教学过程中，微课短小精悍，教师既可以在课上播放，也可以以资源包的形式发放给学生，或者利用微信公众号、班级 QQ 群在进行答疑解惑的时候使用。在国家教育信息化强势发展的大背景下，信息技术已经成为并将继续作为高中英语教学改革与实践的一个有机组成成分，对高中英语教学产生革命性影响。

3.信息技术与外语教学深度融合符合时代发展的要求

首先，信息技术与外语教学深度融合是满足新时代外语教学发展内在需求的一种新手段。目前，中国与世界各国的联系越来越紧密，国际交往越来越频繁、广泛、深入，中国正迎来外语教学大发展的黄金时期。这一发展，对新时代中国学生的国际交流能力提出了更高的要求，不同专业的人才必须具备较强的国际交流能力，才能有效地参与国际交流、国际合作、国际竞争，才能有效地在不同领域、不同行业发出中国声音、展现中国特色、建立中国标准。这对中国不同阶段学校英语的教学质量提出了更高的要求，要求学校外语教学在现有教学改革成果的基础上，不断适应新时代发展需要，通过深度融合信息技术与外语教学，更新教学理念、教学内容、教学资源，优化教学方法、教学模式、教学环境，不断提升教学实效，以满足国家、社会以及学生个人对英语应用能力提升的需求。

其次，作为外语教育信息化发展的新路径与方法，信息技术与外语教学深度融合，也是满足新时代外语教学发展内在诉求的一条新路径。在我国，英语教学是典型的 TEFL（Teaching English as a Foreign Language. 对外英语教学）环境，缺乏真实语言应用语境，主要以课堂教学为主。有效的语言输入与输出以及二者之间的交互联通无法落到实处。如何高效利用有限课堂时空使教学效果最大化，促进有效学习发生，成为新时代我国外语教学发展的内在诉求之一，也将是新一轮英语教学改革的重要问题之一。以在线课程平台、在线学习、移动学习等为代表的现代教育信息技术能够丰富语言学习资源呈现方式、拓展语言知识获取时空，为该问题的解决提供了新的路径：通过信息技术与课堂教学深度融合，利用在线课程弥补有限课堂时空内语言知识输入不充分、有效语言输出严重不足的缺陷，在我国外语教学语境下建构符合中国学生外语学习特点的参与式学习环境，并遵循外语教学的一般规律、原理和方法进行新时代外语教学理论创新研究，以解决新时代我国英语教学应该如何教和如何学的问题。

最后，信息技术与外语教学深度融合将是满足新时代外语教学发展内在诉求的一个新结果。在"互联网+"时代，信息技术对信息呈现方式、信息获取方式和途径、信息获取内容、信息获取时空、信息获取体量等都产生着革命性影响，并深度融合到人们的信息呈现行为、信息获取行为、交流行为、学习行为中，外语教学的核心要素（教师、学生、教材、环境）与核心过程（教师的教、学生的学、师生交互、生生交互）也必然随之发生深刻的变革，使得本就错综复杂的外语教学这一动态系统工程变得更加变化多样。

4.信息技术的发展催生了新型的教学模式

同时，以慕课为代表的新兴在线课程正在以SPOC（Small Private On-line Cours 小规模限制性课程）的形式落地至课堂教学，混合SPOC、翻转SPOC等所带来的英语课堂教学模式的不断创新正在逐渐改变、影响着传统课堂教学。新时代的外语教学理论建构与实践探索必须在充分认识这一深刻变革的基础上，从外语教学发展的内在诉求出发，有效利用信息技术对外语教学核心要素与核心过程的影响，通过深度融合，落实以学为中心的教学理念，及时并有针对性地丰富教学内容、更新教学资源、优化教学方法、创新教学模式、创设学习环境，以促进有效学习发生，不断优化外语教学，建构适应新时代发展的信息技术与外语教学深度融合的新型外语教学理论与教学模式。

进入21世纪后，多媒体技术已经越来越多地应用于课堂教学当中，俨然成为提高课堂教学有效性的重要利器。研究表明，科学应用多媒体技术进行教学，可有效激发学生的学习兴趣，提高教学质量。一些英语教师会积极利用多媒体技术实现对学生的课余教学辅导。例如，在进行一系列练习题测试后，英语教师会发现班里一些学生都会存在不同的英语错误。基于这种情况，英语教师可将学生经常出现错误的问题进行归纳总结，制作成多媒体课件，并将多媒体课件上传至网络平台，要求学生认真观看课件。这样的做法可以轻松帮助学生查缺补漏，而又不需要英语教师对学生一一进行课外辅导，不仅节约了英语教师的课余教学时间，还可在一定程度上促进学生英语学习能力的提升。

第二节　信息技术与高中英语教学深度融合的依据

一、信息技术为英语教学带来新的机遇

信息技术具有其他教学手段无法比拟的特有效果；能充分调动学生学习和探究的主动性和积极性。在英语教学中充分合理利用信息技术，可以让学生变被动听课为主动参与课堂学习，从情感上、思维上、行为上参与学习，能使学生在心理发展水平的最佳状态下进行学习，从而极大地调动学生学习的积极性与主动性，提高学生的整体素质。另外，学生可以自由地选择对自己有用的内容学习。信息技术在英语教学中的运用，使学生的学习不再局限于课堂，而是把目光投向全国甚至是全球。互联网给学生学习展示了一个非常好的平台，学校有校园网，学校还和全国许多学校建立了资源共享的合作伙伴关系。

信息技术在英语教学中，它把电子媒体（数字化的文字、图形、动画、图像、音频和视频）充分地应用到英语课堂上。在英语教学过程中，多媒体教学能给学生的学习提供丰富多彩的信息资源，能把大量抽

象的字母符号通过图像、声音、语言环境，创设情境让学生进行情景再现，培养学生视听语言材料的习惯。可以让英语教学在图文并茂、色彩纷呈、形象逼真、情趣盎然的多媒体图文影像环境中进行，从多方面刺激学生的兴趣，使学生听得准、记得牢、学得多，教学效果必然会比传统教学的效果好得多。

随着素质教育的开展和科学技术的进步，现代信息技术对于学校教学起着举足轻重的作用。教师需要更新观念，实现角色转变，并学习在教学中合理、正确地使用多媒体和信息技术，优化教学方式，模拟学习情境，激发学生学习英语的兴趣，扩大知识面，增加阅读量，培养自主探索的能力和文化素养，提高教学的有效性和时效性，实现资源共享。

英语教学作为这一课题的重要组成部分，要求教师及时地转变教学观念，改进教学方法，积极学习信息技术，以实现传统教师角色的转换，适应信息社会对于教师所提出的新要求。当然，信息技术在提出挑战的同时，为英语教学提供了更多的机遇，它引领教师走上一条新的英语教学的道路，为激发学生的英语学习热情、提高英语的应用能力打开一片更为广阔的天空。信息技术已经逐步渗透到英语教学的各个方面，如电子课件、多媒体教学、远程教育、计算机辅助教学等，这些在为教学带来巨大方便的同时，也对教师的学习和创新能力提出了更新更高的要求。英语教师需要积极学习新的知识和技术，学会操作各种多媒体设备，不断地更新自己的知识结构，扩大自己的知识容量，这也符合现代社会对人才的要求，那就是"活到老，学到老"。

另外，信息技术和多媒体设备的普及，使学生的学习途径更加多样化，除了在学校课堂上学习之外，还能够借助网络课堂、电子书籍、英文视频等来提高自己的词汇量和听说读写的能力。但是如果学生运用不当，又会出现负面作用，从而阻碍英语的学习。这就使英语教学面临新的问题，如何使学生正确合理科学地使用信息技术和多媒体来学习，这需要广大英语教师思考。

在信息化社会的背景下，英语教师要积极应对，更新观念，实现角色的转变，以此来适应新形势对于英语教学的要求。所谓更新观念，就是要求教师树立新型的教育观、人才观和方法论，不断地更新自己的知识结构，使信息技术更好地为英语教学服务。所谓转变角色，是要求英语教师在教学活动中，不再固守于传统的角色定位，由传统的知识传授者，转变为学生学习的引导者和监督者、课堂教学的组织者和示范者，并且随着信息技术的发展，还会发现更加多样的角色。

信息技术把计算机与艺术相结合，可以使信息的获得和传播具有强烈的艺术感染力。课堂的内容可以通过图像、视频、动画、声音等来表现，使课堂更加充满感染力。著名教育家、北京师范大学教授何克抗在《创造性思维理论模型的建构与论证》一文中指出：基于言语概念的逻辑思维离不开表象。任何语言的抽象概念和形式结构如果不能通过表象来表现，就不能表达出应有的意思。对于一门从未接触过的语言，学生缺乏对这门外语的了解和体验，因此很难挖掘出对这门语言的热爱和求知欲。所以，这就要借助于多媒体为学生营造出形象生动的环境，使学生能在身临其境中使用语言，从而达到学习语言的目的。捷克著名教育理论家和实践家夸美纽斯说过："兴趣是创造一个欢乐和光明的教学环境的重要途径之一。"人们总是对自己感兴趣的事情才能真正地投入热情和努力，才会主动自觉地学习而不会感到枯燥。在多媒体技术的辅助下，教师可以模拟出在日常工作学习生活中的现实情境，与现实生活紧密联系，使学生置身于真实的情境中，曾经抽象的英语语法变得具体，曾经枯燥的英语知识点变得生动形象，多媒体技术可以把平面的英语知识转化成图文并茂的语言知识，转化为动态的视频，把听说读写结合起来。

现在互联网上有大量的英语学习网站，包括一些名校的英语学习资料，可供学生浏览和下载，这样学生就可以在课下通过更多的途径来提高自己的英语阅读水平。

英语是国际通用的语言，为全球的跨文化交流起到了桥梁的作用。因此，英语的学习就是一种跨文化的学习和交际活动。现代信息技术可以为跨文化交流能力的提高起到促进作用。学生可以通过互联网收听VOA、BBC等新闻时事，在锻炼听力的同时，了解当今国际时事，掌握社会发展趋势；学生也可以从互联网上找到经典的国外原声影片和纪录片，了解各地风土人情和当地文化；学生还可以通过网络了解最新音乐资讯，学唱英文歌曲，对于英语学习也大有裨益；另外，还能通过网络看英文经典著作和诗歌等。这些在提高学生英文水平的同时，还能提高他们的文化修养和知识素养，进而全面提高学生的素质。

随着人类社会的发展和科学技术的进步，越来越多的数字化技术和设备被广泛运用到日常生活和工作中。教师在运用信息技术进行英语教学时，能够深深体会到其对于提高英语教学质量和效率的巨大作用。英语教师要认识到，信息技术能够辅助教学工作的开展，同时教学工作又能推进信息技术的进一步发展，二者是相互影响、相互作用的。

面对信息化的浪潮，教师要积极更新观念，转变自身角色，充分调动自身的主观能动性，挖掘自己和学生的潜能，与时俱进，勇于迎接挑战，相信在信息技术的帮助下，英语教学之路会走得更好更远。

二、现代信息技术与英语教学整合的优势

（一）有利于学生学习兴趣的培养

"兴趣是最好的老师"。兴趣是激发学生学习的内因，当学生对所要学的内容感兴趣时，那么学习就已经取得了事半功倍的学习效果。多媒体英语教学实现了将英语知识由静态向动态的传播，这种声画交融的动态教学方式可以有效地将抽象的知识形象化、具体化、生动化，从而营造兴趣盎然的课堂学习环境氛围，增强授课的趣味性。与此同时，还可以较长时间吸引学生的注意力，达到激发学生兴趣、获得最佳学习效果的目的。

（二）有利于学生学习自主性的提高

多媒体网络技术具有信息处理和人机交互的功能。这种图文并茂可以及时反馈的交互方式对于英语教学具有重要的意义，它能够有效地激发学生的学习兴趣，使学生产生强烈的学习欲望，从而增强学习动机。在传统的英语教学过程中，大到教学的策略、内容、方法，小到教学步骤、学生的作业都是由教师事先安排的，学生参与得很少，只能被动地跟着教师的步调走。而在交互式的学习环境中，学生可以根据自己的实际情况和学习需求，选择符合自己实际水平和感兴趣的内容进行学习和练习。多媒体网络技术为学生自主性、创造性的发挥提供了平台，能真正让学生成为学习的主人。

（三）有利于真实情境的创设

传统英语教学偏重语言知识的传授，尤其偏重语法词汇知识的讲解，而这些语言知识由于离开真实的情境，远不能引起学生的学习欲望。现代信息技术在情境创设方面有无可比拟的优势：声音、图像、动画、影像等多媒体的集成，可以最大限度地模仿自然界的声、色、形；巨大的容量可以提供大量情境素材；共享的特点可以消除时间和空间的障碍，让资源得到最充分的利用；交互性可以调动学生的积极性，扩展学生的思维；超文本链接符合人类思维的方式，可以满足学生的求知欲，拓展学生的知识面。总体而言，现代媒体能够集文字、图形、声音、动画等不同的信息形态于一体，突破时间和空间限制，为英语学习创设较真实的情境。

在英语课件中插入影视演播，能激发学生浓厚的学习兴趣，提高学习效率。英语教学中与英语配套的教学影片、软件及英文原版的影像资料非常丰富，影视中的语言材料来源于生活，贴近生活，是真正的日常会话。在课件中有机地插入这些材料，可以使学生多角度地解读课文。在英语教学中，直观教学多优于一般的讲解。利用生动、形象的多媒体教学手段进行听、说训练很容易使学生产生新奇感，使学生能够集中注意力，而且生动、形象的电化教育又创设了一定的教学情境，使学生犹如身临其境，可加深学生对所学知识的理解。例如在进行职业单词新授的时候，由于条件的限制不能一一作出相应的解释，但笔者可以通过从网上找到的视频资料展示给学生，使学生在短时间之内掌握了新课的内容，收到了很好的效果。通过一幅幅彩色画面，学习由抽象到具体、由枯燥到形象直观，提高了学生的学习效果。

（四）有利于课堂教学容量的扩大

优质高效的课堂意味着高效率、快节奏。传统的英语课堂教学以教师、教材为主，有的教师由于受自身知识和能力的限制，不能给学生提供大量的语言输入，有的教师课堂教学只是照本宣科，做教材的"翻译员"，这些都阻碍了英语教学的有效实施。现代信息技术为教师提供了一个非常广阔的空间，教师可以运用多媒体技术，通过图片、文本、音频视频资料、网络链接等，扩充和丰富课堂教学内容，为学生提供更加丰富的教学资源，从根本上提高教学效率，弥补传统教学模式的不足。除此之外，运用信息技术还可以节省提供背景资料等所需要的时间，从而增加学生练习语言技能的时间。

（五）有利于学生综合技能的发展

《普通高中英语课程标准（2017年版2020年修订）》明确提出，倡导体验、实践、参与、合作与交流的学习方式和任务型的教学途径，发展学生的综合语言运用能力。在网络交互教学中，学生通过信息交流，扩大信息来源，同学之间互相启发、诱导，从不同角度对同一问题进行分析、讨论，这有利于发散思维的形成，为创造思维的训练奠定基础。在此过程中，学生可以学会共同生活（learn to live together）、学会求知（learn to know）、学会做事（learn to do）、学会发展（learn to be）。学生对分享和合作的体会，有利于学生综合技能的发展，而综合技能发展的意义远远超过了学习英语语言本身。

（六）有利于提升教师自身的素质

英语教师在英语教学观念上要有现代教育理念。信息技术作为一门新兴的学科，英语教师应有新的教学观念。英语教师要摒弃旧的教育思想，把握教育发展的内在规律与时代特征，树立正确的教育观与人才观，才能适应教育技术现代化的要求，要有终身学习的思想。教育的主要功能是培养和发展人的创新素质，而教师在教学过程的创新设计、创新思维、创新意识都影响着学生，教师需要创新精神。另外，英语教师要充分发挥主导作用，根据学生特点、教材特点，精心选择教学内容，精心设计教学过程，精心安排教学环节，充分调动学生学习的积极性、主动性，让学生充分体验成功的喜悦。

在现代教育实践中，英语教师需要有新颖的教学方法。教育技术的现代化促使英语教师教学方法的现代化。教育技术的现代化使英语教师教学方法发生变化，以多媒体为主的教学方法，更加灵活多样。

英语教师基本功和技能技巧要在信息技术的促使下现代化。信息技术形式下的教育技术现代化对英语教师基本功要求更高了，而英语教师队伍的现代化正是教育技术现代化的根本，是重中之重。这就要求英语教师这个"新角色"的职能更趋多元化，对教师教学基本功的要求更高了，除了具有原来的基本功外，还要具有电教基本功。现代化教育技术的不断发展，还将促使英语教师具有不断发展的基本功，不断提升教师的自身素质。

总之，信息技术作为辅助手段引入英语学科教学，是一个循序渐进的过程，英语教师要巧用信息技术，发挥多媒体教学的长处。笔者坚信，信息技术与英语学科教学整合策略的研究和实施，必将带来课程内容、课程实施、课程资源、教学评价以及学习方式的变革，取得丰硕成果。

第三节　信息技术背景下英语教学模式的内涵

一、教学模式的定义

教学模式又称教学结构，简单地说就是在一定教学思想指导下所建立的比较典型的、稳定的教学程序或阶段。它是人们在长期教学实践中不断总结、改良教学而逐步形成的，它源于教学实践，又反过来指导教学实践，是影响教学的重要因素。因此，了解教学模式的发展及其规律，对于提高教学质量具有重要意义。教学模式是一种教学活动的范式。教育工作者对教学实践进行分析研究，以一定的教学理论为基础，再根据经验和各种教学实践，提出一种或多种的教学模式。因此，教学模式能以具体、可操作的形式体现教学的理论或理念。例如，交际教学模式体现了英语或第二语言教学应该培养交际能力这一理论，教学中就有了结构教学模式或功能意念教学模式。前者多安排句型操练，后者则注重角色的扮演、问题的解决等。教学模式不仅有利于我们学习和掌握先进的教学理论，使科学的理论能迅速而成功地得到应用，也有利于我们用成熟的经验来不断丰富教学理念，从而提高教学效率，促进学生语言能力的发展。

二、教学模式的功能

（一）教学模式的功能定义与分类

教学模式有什么功能呢？美国社会科学家莫顿·多伊奇曾研究过一般意义的模式的功能，指出模式一般具有四种功能：组合、启发、推断和测量。组合功能指模式能把有关资料（经验的与科学的）按关系有规律地联系起来，显示出一种必然性。启发功能指模式可以启发人们探索新的未知的事实与方法。推断功能指模式可以使人们依据它所提示的必然规律，推断预期的结果。测量功能指模式能通过揭示各种关系，以表明某种排列次序或比率。

教学模式的功能分两个方面：一是理论方面的功能。教学模式能以简化的形式表达一种教学思想或理论，便于人们掌握和运用。二是实践方面的功能。教学模式的实践功能包括指导、预见、系统化、改进四种。指导功能指教学模式能够给教学实践者提供达到教学目标的条件和程序。预见功能指教学模式能够帮助预见预期的教学结果，因为它揭示出一种"如果……就必然……"这样的联系。系统化功能指教学模式能使教学成为一个有结构的系统，因为教学模式是一个整体结构，对教学的各种因素都产生作用。改进功能指教学模式能改进教学过程、方法和结果，在整体上突破原有的教学框架。

（二）理论功能

由于教学模式总是某种教学理论在特定条件下的一种表现形式，因此它比教学理论的层次要低，但又比教学经验的层次要高。因为"模式"这个词本身就是指一种根据观察所得加以概括化的框架和结构，所以它比概念化的理论要具体，模式总是围绕某一主题所涉及的各种因素和相互关系提供一种完整的结构。因此它一般还包括了可供实施的程序和策略。但它又比经验层次高，这是因为它具有一种假设性和完整性，教学模式不只是简单地反映已有的教学经验，还要作出合理的推测来揭示原型中的教学经验，并作出合理的推测来揭示原型中的未知成分，它是反映和推测的统一。各种个别的教学经验，经过逐步的概括、系统的整理可以使它通过教学模式的形成而进一步提高到理论；各种理论通过相应的教学模式可以使它成为易于为实际工作者所接受的方案。

由于教学模式具有这一特征，它能较好地充当理论与实际经验之间联系的中介和桥梁。从某种意义上说，教学模式既是教学改革的产物，又直接促进了教学改革的发展，如果通过一段时期的努力，我们能逐步建立起具有各种类型的课堂教学模式系统，也能建立起像试题库一样的课堂教学模式库，这将使各级各类学校的教学能逐步走向科学化。它还可以为刚参加教学工作的青年教师提供一些可供选择和参考的教学方案，使他们教有所据，从而很快地熟悉教学，使教学质量得到必要的保障。对具有多年教学经验的老教师来说，教学模式库的建立，也可以使他们不再囿于过去习惯采用的教学模式，为教学更加多样化提供了参考。同时各种课堂教学模式由于仅仅提供了一个大致的框架，它有待于在教学实践中进一步具体化，这就为创造性的教学提供了各种可能。而教学实践中的各种改革又将进一步促进教学模式趋于完善，推动教学理论的进一步发展，从而形成实践—理论—实践的良性循环。

三、信息技术背景下英语教学模式的理论基础

《普通高中英语课程标准（2017年版2020年修订）》提出要改革传统教学模式，信息技术在外语教学中发挥重要的辅助作用，但教学理念对组织课堂教学模式的重要性也不可忽视。一般认为，建构主义思想是英语教学模式改革实践的重要理论基础。建构主义是学习理论中行为主义到认知主义的进一步发展，其基本观点是强调学习者基于与世界的相互作用的经验及意义，积极建构自己的知识。在建构主义学者看来，学习是一个意义建构的过程，而不是对知识的记载和吸收；学习者是意义建构的主体，学习依靠人们已有的知识去建构新知识；学习既是个性化行为，又是社会性活动，学习需要对话和合作；学习高度依赖于产生它的情境。

（一）建构主义理论

建构主义强调以学生为中心，要求学生由外部刺激的被动接收者和知识灌输对象，转变为信息加工的主体、知识意义的主动建构者，要求教师由知识的传授者、灌输者转变为学生主动建构意义的帮助者、促进者。因此，基于建构主义的教学模式应重视四种学习方式——自主式学习、探索式学习、情境式学习和合作式学习，突出强调学生对知识的主动探索、主动发现和对所学知识意义的主动建构。如何基于建构主义的

教学理念而有效地发挥信息技术的优势，处理好课堂教学与网络教学之间的相互联系成为外语教学的核心问题。

有学者指出，为了顺应这种变化，在信息技术背景下，英语教学应分为课堂教学和网上自学两种相互补充的方式。多媒体教学不是提高教学效果的唯一途径和手段，教师不能一味地追求现代化的教学手段而完全放弃传统的教学方法。基于网络教学模式下的自主学习注定是一个长期、渐进的过程，这就要求教学活动的开展需要结合实际需要，保留吸收传统教学模式中的优良部分，充分发挥传统课堂教学和多媒体两种教学模式的优势，对高中英语课程进行科学合理的整合，确保英语教学质量得到逐步提高。

学生可以借助现代多媒体设备根据自身知识组成情况，选择配套的网络课程学习，这使英语教学不再受时间和地点的限制，而朝个性化学习和自主式学习方向发展，因此教学模式必须围绕学生实际需求作出相应改变。在信息技术为支撑的新环境下，英语教学应从传统的"以教师为中心"、单纯传授语言知识的教学模式向"以学生为中心"的模式转变，在英语教学中实现此专项的目的就是放弃教师在教学过程中的绝对主导者角色，转向为学生自主学习、自我思考、自我发现的促进者，指导学生在多媒体的网络环境下主动地、积极地学习英语，最大限度地开发他们的潜能。

建构主义理论的核心是以学生为中心，强调学生对知识的主动探索、主动发现和对所学知识意义的主动建构。在建构课堂教学和计算机网上自学的教学模式时，应遵循"以学习者为中心"的原则，从研究教师如何"教"转向研究如何利用网络学习系统促进学生自主"学"。

网络环境下的课堂教学模式与自主学习模式应结合教学的现实要求，遵循建构主义教学理论，在处理好课堂教学与计算机网络教学之间联系的基础上，实现"以学生为中心"的教学原则。在课堂教学过程中，教师应该避免单纯的知识点教授，要充分利用开放的网络资源和网络交互技术，融知识教学与培养学生综合能力为一体。课堂教学是在一个相对单一、闭塞的环境中进行的，教师应充分利用现有条件，拓展教学空间和课堂知识点操练环节，尽可能多地开展师生之间的课堂互动交际，在实际操练中进行语言知识教学，帮助学生成为学习的主体，并设计真实、复杂和开放性的语言学习环境与问题情景，诱发、驱动并支撑学习者探索、思考与解决问题的活动。

同时，教师也可以在课堂上利用多媒体手段，如播放幻灯片或与学习主题相关的影像资料，使文字信息与图像信息相互交融，在激发学生学习积极性的基础上，对课堂知识点加以扩展。网络多媒体手段使学生利用计算机网上自学成为可能。网络信息直接指向学生，学生成为学习的中心。他们可以"控制"学习媒介和"课程"的程序，可以自主选择学习的时间、地点和内容。学习是非线性的和无连续性的，不再局限于传统的课堂学习。教师根据特定目标和特定学生设计不同的网络课程任务，对学生进行有针对性的因材施教。

信息技术所提供的超媒体、超文本信息，以及跨学科、跨时空和面向真实世界的链接，构建起了使学习者走出英语课堂、融入社会实际英语使用情境的内容体系，能更好地保证学生的自主学习质量。由此可以看出，随着现代多媒体教学手段的介入，信息技术影响下的教学模式突破了传统课堂教学的时空限制，创造了现代教学环境，构建了一个无限开放的教学空间，淡化了"教"，强调了在现实环境中的"学"。教师规定学习任务，学生自主掌握学习进度和选择语言项目。建构主义学习理论强调学生不是简单、被动地接受教师输出的或书本上的知识信息，而是靠自己主动建构知识意义。学生通过自主学习，查漏补缺，将旧知识与新知识联系起来，在原有旧知识基础上增加、积累新的知识。在多媒体网络自主学习的环境下，学生可以在任何地点、任何时候开展学习。例如，学生可以有针对性地重点学习词汇用法、学习篇章结构和背景知识，或选择反复训练听力和发音。

网络的开放性和多元性特征为学习者提供多种选择的可能，使人的思维得以激活，从而激发出创造的欲望。学生在借助计算机完成自主学习的过程中，要去寻求、研究，进而建构语言的意义，这就是一种探索式学习。对一切新的学习方式、新知识的开放也促使学生通过不断学习来更新、改变自我的思维结构。

在没有教师的情况下，学生要学会自主安排学习时间，学会独立使用网络教学资源，学会自选课题和学习材料，自主分工合作完成教学任务，从而形成一种不断探索、创新的思维模式，发挥学生的自主创造性。在网络教学中，学生成为学习的主体，网络学习系统中设计的真实、复杂和开放性的语言学习环境与问题情境诱发、驱动并支撑学习者探索、思考与解决问题的能力。学生有了这样的资源，再具备妥善处理这些信息的意愿，就可以真正实现培养自我探索式学习的目标。

多媒体网络技术有助于情境式学习。在真实的语言环境中学习，学生感知的语言才会更加具有完整性和意义，孤立于外界环境的抽象的语言训练对于外语教学的效果是不利的。多媒体教学集声、像、图、文于一体，通过声音、图像、文字、动画一体化界面加大了对学生的感官刺激，使得教学变得形象化、立体化、生动化，多角度地提供大量形象生动的语言素材，全方位展现较真实的语言环境和文化环境，使情境式学习成为可能。这些丰富的语言学习素材，一方面因丰富多彩而大大激发学生的兴趣，吸引学生积极主动参与学习，学生以亲身的探索经历构建坚实的图式基础，在网络创置的语言情境下建构自己的目标语知识，达到语言学习的目的；另一方面，学生可以通过网络，下载有利于创设情境的资源，这可以引导学生通过网络培养阅读、听说、写作等技能，强化批判性和创造性等高级语言思维能力，将全球的知识信息连接起来，提供一个巨大的教学资源库，把娱乐性、参与性强的网站引入教学内容之中，充分调动学生的各种感官。

此外，英语电视、英语新闻和各类国际活动的英语直播等等，都为语言学习创造了极好的语言情境，保证在较真实的英语环境中全面培养学生各项英语语言技能，在现实的语言体验中内化语言知识，形成并不断提高综合语言应用能力。

实现和推广基于信息技术的新型教学模式具有非常深刻的意义。这样的教学模式转变不仅是采用了信息技术引起教学手段的转变，而更重要的是它引发了教学理念的一场变革。与传统课堂模式相比，多媒体教学优化了外语教学资源的环境，提高了个人学习效率和教学效果，因而显示出其广阔的发展前景。多媒体教学模式不仅仅是运用先进技术手段提高了教学效率，更重要的是改变了以教师为中心的传统教学模式，形成了以学生为中心的个性化学习方式。这种改变师生角色，更注重"学"而不是"教"的全新教学模式对于发展和培养我国学生迫切需要的外语综合应用能力和独立自主学习能力有深远意义。

（二）后现代主义教学观

后现代主义教学观是在对教育"现代性"进行深刻反思的基础上形成的，具有开放性、超前性和创新性等特点。后现代主义在我国最早出现在20世纪80年代初的《读书》杂志上，1985年，美国杜克大学的弗·杰姆逊教授在北大开设名为"后现代主义与文化理论"的专题课，在此之后，后现代主义在中国得到了快速发展。总体而言，它是对现代主义所崇尚的总体一致性、规律性、线性和共性及追求中心性的排斥，主张以综合、多元的方式去建构，具有非中心性、矛盾性、开放性、宽容性、无限性等特征。后现代主义教学观对大学英语教学改革的影响表现在：在打破"完人"教育目的观的同时，后现代主义者提出了自己的教学目的观。他们主张学校的教学目的要注重学生各方面的发展，不强求每个受教育者都得到全面发展，要培养符合学生自己特点及生活特殊性的人，培养具有批判性的公民。

后现代主义认为，必须在课堂教学中建立师生平等对话的平台，教学评价要求实施普遍的关怀，着眼于学生无限丰富性发展的生态式激励评价，让学生充满自信，每个个体都各得其所，始终获得可持续发展的动力。它强调教学评价应该体现差异的平等观，即使用不同标准、要求，评价不同的对象，主张接受和接收一切差异，承认和保护学习者的丰富性、多样性。

（三）人本主义学习理论

人本主义学习理论对学习本质的揭示是从人的自我实现和个人意义的角度加以描述，认为学习是个人自主发起的、使个人整体投入其中并产生全面变化的活动，是个人的充分发展，是人格的发展、自我的发展。根据人本主义学习理论，美国心理学家马斯洛、罗杰斯等创立的人本主义理论提出10条学习原则：

1.人生来就对世界充满好奇心，人生来就有学习的潜能。

2.当学生觉察到学习内容与自己的目的有关时，有意义的学习就产生了。

3.当学生的信念、价值观和基本态度遭到怀疑时，他往往会有抵触情绪。

4.当学生处于相互理解和支持的环境里，在没有等级评分却鼓励自我评价的情况下，就可以消除由嘲笑和失败带来的不安。

5.当学生处于没有挫败感却具有安全感的环境里，就能以相对自由和轻松的方式去感知书本上的文字和符号，区分和体会相似语句的微妙差异，换言之，学习就会取得进步。

6.大多数有意义的学习是边干边学、在干中学会的。

7.当学生负责任地参与学习时，就会促进学习。

8.学习者自我发起并全身心投入的学习最深入，也最能持久。

9.当以自我批判和自我评价为主、他人评价为辅时，就会促进学习的独立性、创造性和自主性。

10.现代社会最有用的学习是洞察学习过程，对实践始终持开放态度，并内化于自己的知识积累。

人本主义学习理论强调学习是一个情感与认知相结合的精神活动。在学习过程中，情感和认知是彼此融合、不可分割的两个部分。整个学习过程是教师和学生两个完整的精神世界的互相沟通、理解的过程，而不是以教师向学生提供知识材料的刺激，并控制这种刺激呈现的次序，期望学生掌握所呈现知识并形成一定的自学能力和迁移效果的过程。由此可以理解，教学也不再是以教师为中心、以知识输入讲解为主要方式的活动了。要使整个学习活动富有生机、卓有成效，需要以学生为中心，深入其内在情感世界，以师生全方位的互动来达到教学目标。

第二章 信息技术与高中英语教学 深度融合的可行性策略

第一节 信息技术背景下的高中英语教学改革

一、信息化教育背景下的高中英语教学改革的必要性

（一）信息化教育背景下的高中英语教学改革的现状

学校教育信息化是学校为了适应社会信息化发展变化的需求而进行的教育改革，在此基础上不断为学生营建信息化的教学环境，进行教学资源的优质整合，使学校的科研、教学、学习以及管理等各方面实现信息化管理，实现教育教学全过程的信息化。

目前，一些高中学校的教育信息化大多局限于多媒体辅助教学、网络资源的检索等方面，而对教育信息化的发展趋势、战略意义和我国教育信息化的政策并不了解，也没有理解教育信息化的真正含义。因此，虽然很多学校加大力度对学校进行信息化基础设施建设，力求早日实现校校通。但在调查中发现，投入与产出之间存在很大的差距，尤其是信息技术与网络在教学中的应用方面，设备的利用率较低，并没有充分发挥信息技术的实际作用。

教学资源库软件建设滞后。一方面学校教学软件数量较多；另一方面教师使用的积极性不高，使得这部分资源被闲置起来。究其原因主要有以下四个方面：一是学校宣传力度不够，很多教师不知道学校有这些资源；二是这些资源一般由学校的资料室集中管理，教师使用时可以去借，很多教师没有时间或是嫌麻烦；三是有些教学软件实用性较差，教师使用时感觉效果不好，不愿意用；四是多数教师不会对购买来的教学软件进行再加工或者没有时间加工等。这些情况既造成了资源和资金的浪费，也影响了教师在教学中使用多媒体教学软件的积极性。

信息技术培训重技能轻应用。近几年，一些学校对教师进行了信息技术培训，但是从培训内容上看，都只停留在技术层面。导致目前广大教师对信息技术的应用大多是单一模式——课件，对于信息技术在教学中应用的理解也只是课堂中播放课件，使得信息技术真正的优势与作用并没有得到充分发挥。信息技术在教学中的应用不仅仅是教师的演示工具，这是信息技术应用的初级阶段，属于最低的层次。

1.学校运用老观念指导新工作

近年来，学校的教育信息工作不断提升，教育理念也在不断更新。但是，仍有部分英语教师对教育信息化认识不高、重视不够，仍然在用传统的教育观念指导新环境下的教育教学工作，并且把学生也只是当作一个被动接受知识的容器，教得死板、学得被动。这必然阻碍了学校信息化教育的长足发展。针对这一情况，从思想上改变"重实施教育教学，轻信息化教育"的观念，打造一支高素质的信息化队伍势在必行。

在实际英语教学中，改革传统的英语教育教学模式，推进现代的信息化教学手段和方法，具体的做法有以下几点。

（1）学校的管理层要加强英语信息技术的建设，制订完善的培训计划

加强广大英语教师的在职培训。比如学校可以对新调入、聘任的教师在开学之初请专业的信息化人才进行专业培训；定期开办信息技术培训班，让教师了解信息科学的前沿技术、最新动态。不仅如此，还应把

信息技术纳入英语教师继续教育的必修课程，要求持证上岗。通过培训，让广大英语教职工具备利用信息技术从事教学的能力。要通过各种各样的宣传活动来提高决策、管理人员的信息化意识，让他们重视教育信息化。

（2）英语教师队伍要不断提高自己的信息化应用能力

俗话说得好："活到老，学到老。"面对日新月异的信息技术，每一个英语教师更应该保持一种学习的心态。教师不仅要具有应用现代化办公手段和信息化技术教学的能力，而且要会用先进的科学技术武装头脑。教师要不断学习，不仅教会学生学习知识，更要开阔学生视野、启迪学生思维；不仅能获取信息、储存信息，更能够处理筛选信息、更新创造信息。

（3）打造一支高标准、严要求的信息化英语师资队伍

一支好的团队是一所学校信息化建设工作深入开展的保证。而目前，学校的信息化师资队伍之所以比较薄弱，主要是因为学校在考核待遇、职称评定等方面没有切实重视教育信息化的教师。因此，面对实际存在的问题，应该根据实际情况从职务、职称评定、地位、待遇等方面制定优惠政策，从而吸引更多高学历、高素质、高水平的专业技术人才。而对一线的信息化工作者，也应该采取一系列的有效措施，让他们都有机会离岗进修、在职学习等，有计划、有目的地学习先进的信息技术理论来适应这个瞬息万变的信息化教育时代。同时，建立有效的考评和激励机制来调动所有人的积极性和创新精神，这样才能不断地推动信息化工作的稳步向前发展。

学校要针对英语教师的实际情况，开展面向教学应用、面向课程整合的培训，使英语教师对信息技术在教学中的应用能够有更深的理解，能在更高的层面上使用信息技术，从而为教学服务、为教师自身学习与科研服务。在信息化大潮不断涌来之时，学校如果不抓住这个机遇，就有可能被时代所淘汰。因此，开展信息技术与课程整合的教学研究，是

促进学校英语教育信息化发展的一条必经之路。

2.不同的发展地区软件和硬件建设的发展不均衡

偏远地区信息化的现状是基础设施薄弱，资源共建共享水平低，区域发展不平衡，发展的关键在于均衡、公平；许多偏远地区学校的现状是实践教学资源缺乏，产业对接水平较低，校校通尚未实现，虽然基础设施、资源建设初具规模，但质量和应用水平不高，发展的关键在于优质、融合；资源与应用的现状是初具规模，质量、数量均显不足，共建共享机制尚未形成，发展的关键词是"有无、能用、好用"；管理信息化的现状是单个业务系统较多，业务环节尚未全部覆盖，信息孤岛问题突出，发展的关键词是"单个应用、数据互通、流程再造"；保障体系的现状是组织体系未理顺，资金投入机制未形成，标准规范执行不到位，发展的关键词是"理顺机制、确保投入、规范发展"。

对一所学校来说，软件和硬件的建设是学校信息化发展的前提和保障。但目前，学校的信息化教育中普遍存在"重硬件、轻软件；重配备、轻培训；重投入、轻管理"等一系列不良现象。加强硬件设施建设是学校教育信息化的前提条件。教育信息基础设施建设通常包括教育科研网建设、局域网信息建设以及校园网络建设等，这是教育信息化的基础设施建设。但是，目前就校园的现状而言，在校园信息化硬件建设这一块的现状却令人颇不满意。

比如，有些学校目前没有专门的办公系统，只有一个QQ群或微信群，所有的通知、文件、资料等都在上面进行。比较重要的文件还是人手打印一份纸质的东西，还停留在传统办公模式，无法推行无纸化办公模式。所以在硬件建设方面，还应继续完善学校的三大工程体系建设。从而促进学校的信息化硬件建设。并且，一所学校应该充分发挥校园网的功能。一所学校的校园网是校园信息化实现的奠基石。学校综合管理平台的建设为学校的教学、科研和管理等都提供了良好、便利的条件，也使广大师生能以最快的速度获得最新、最需要的信息，方便了师生，也大大地提高了工作效率，为校园教育信息化奠定了基础。在学校管理平台上成功登录后，学校的管理者可以通过"政务管理""办公事务""教职工管理"等窗口进入并查找到自己需要的东西；教师可以通过"班级管理""成绩管理""教学研修"等窗口查找到为自己所用的东西；学生也有专门的登录路径和查询窗口，可谓是"键盘轻轻一敲，便知校园大事"。

未来的教室一定是云端教室，包括电子课本、电子课桌、电子书包、电子白板……在资源方面，由模拟媒体到数字媒体，再到网络媒体，资源最终都在教育云上，内容达到极大丰富，从而满足个性化学习需要。学生必须具备创意与创新、沟通与协作、研究与获取信息、批判性思维、决策与解决问题、信息化公民素养、科技理论与应用七大能力。21世纪的教师信息化教育能力则包括引发学生学习与创意、设计开发信息时代的学习经验和评估准则、塑造信息时代的工作与学习模式、提升和塑造信息化公民责任感、从事专业发展与领导力培养几个方面。未来的教育管理者要具备富有远见的领导力、信息时代的学习文化、卓越的专业实践，系统性地提升信息化公民素养。

3.学生和教师对于信息化英语教学重视不够

目前，有的学校学生信息素养偏低，这在很大程度上影响和制约了学校信息化英语教育的开展。目前，不少学生对学校信息化英语教育乃至信息技术课的认识普遍不高，重视也很不够。并且很多学生兴趣不浓，积极性也不高。针对这一情况，教师应该用科学的发展观和教育观武装自己的头脑，为校园信息化英语教育指明方向。有相当一部分英语教师只有在上公开课或评比时才应用信息技术，而在实际英语教学中则较少使用。将信息技术有效地、有目的地应用到英语学科教学中需要的是进行实实在在的推进，在教学实践方面避免泛化和虚化倾向。不能认为只要英语教师在课堂上应用了计算机或者其他的信息技术工具，就是进行了信息技术与课程整合，英语教师要在深刻领会信息技术与课程整合的目的和内涵的基础上进行信息技术与课程整合。

教育信息化也是教育事业发展的必然趋势，加强教育信息化建设不仅具有重要的社会意义和现实意义，还可以保证社会主义建设的全面发展，也是推进素质教育、加快教育领域变革的重要途径之一，而教育技术和教育观念又是相辅相成的。因此，教师必须以科学发展观为指导，在学校的信息化建设中树立科学的教育观，真正做到"以生为本""以人为本"，并且在信息化教育中规范信息技术课堂教学，采用灵活多样的评价方式，从而激发学生学习信息技术的兴趣，不仅让学生真正了解和掌握信息技术的基本知识和技能，而且从根本上提高学生的信息素养。

4.学校对于教师的信息素养培养不足

从对中学英语教师的信息素养调查的结果可以看出：目前我国中学英语教师在信息素养的四个方面都有待提高，包括信息意识薄弱、信息知识和能力不足、信息道德层次不高。其特点和原因分析如下。

（1）信息技术的使用目标不明确

一部分中学英语教师还不习惯使用信息技术，他们仍是照本宣科地把现有的一成不变的书本知识传授给学生，这就导致教师和学生的知识面都比较狭窄，不利于学生的提升。面对信息技术的使用度、遵循的原则以及与课程目标之间的关系时，一些教师的概念是模糊的。中学英语教学中不使用现代信息技术，导致教学方法守旧、课堂乏味无聊、学生学习兴趣低下、英语教学效果欠佳；但若是教师的信息意识没有改变，只是随意、无目标地使用信息技术，也会使得英语信息化教学无章可循、盲目进行，信息技术用于教学也只是一种可有可无的教学手段，势必影响学生信息素养提高及获取更多信息的能力。

（2）信息技术的使用比较单一

在教学活动中，中学英语教师使用某种信息技术时多局限于其某种功能。以微信为例，许多中学英语教师认为，它的主要功能就是信息传递，用于传递图片、声音、视频等信息。而中学英语教师可能很少利用微信平台发布课程补充信息，让学生课下扩充知识面或者鼓励学生在群里练习英语口语。其实微信的及时语音功能使学生避免面对面说英语的尴尬情绪，以便更自如地练习用英语交流；也有一些教师很少利用微信平台让学生上传作业，而微信平台的一大功能是教师可以在线修改，及时指出错误，及时评估作业，让学生印象更深刻。

（3）信息技术的保障缺乏

部分中学英语教师是在从事工作后参加的计算机培训，可在实际教学中运用时却犯了难，比如，如何做视频、音频剪辑，如何制作教学微视频，如何进行人机对话，如何进行机辅翻译。查找其原因在于，培训通常侧重传授计算机技术本身，而缺少对教师运用计算机技术在英语教学的指导。

（4）提高信息素养的精力不足

目前，一些英语教师在从事繁重教学任务的同时，很难有精力和时间再从互联网上、一些公众号上获取更多更新的相关信息。同时，教师也很少有时间去利用多媒体教学技术并结合搜集来的最新资讯，应用于辅助英语课堂教学。

分析了上述一些学校的教育信息化滞后的原因，我们会发现，教育信息化不仅要改变人的观念、改变硬件和软件方面的建设，更需要不断挑战、不断创新、不断发展。教育信息化是一个全新的工程，在发展的过程中必然会遇到问题，但是，只要我们敢于面对这些问题，正确分析这些问题存在的原因，并找出相应的对策，就能更好地推进教育信息化工作。

二、信息技术背景下高中英语教学改革的内容

随着全球化的发展，世界各国的交流越来越密切。信息技术的发展将国家之间的距离进一步缩短，"国际竞争力"成为一个重要名词。英

语教学对培养具备国际竞争力的人才十分重要，英语一直被视为基础教育中的主要学科，英语教学也在不断改革和创新。《普通高中英语课程标准（2017年版2020年修订）》是现阶段课程改革的纲领性文件，更是实施教学行为的教育观念与教育思想的支撑，它对英语教师的教学具有直接指导意义，也为广大英语教师的自身业务发展和有效教学行为提出了要求。作为一名普通高中的英语教师，应该深入学习和研究它，努力在教学实践中摸索出一条属于自己的、从教育对象实际出发的教育教学思路，树立全新的教学理念。

（一）教师教学观的改革

1.教学观念的改革

（1）满足学生的学习需求

普通高中教育是面向大众的基础教育，英语教学也必然要为全体学生终身发展奠定基础。学生在英语课程学习中会存在智力、习惯、兴趣、性格、态度、语言基础、能力、学习方式等方面的差异。教师要承认和尊重差异，以先天禀赋为基础，尽可能挖掘和发挥学生学习英语的潜能，并获得稳定的、长期发挥作用的基本品质结构，对于学生英语学习过程中的思想、知识、身体、心理品质等，教师都要认真关注，以便满足不同学生的不同学习需求，真正做到面向全体学生。

（2）为学生的未来发展奠定基础

随着我国政治、经济、文化和社会不断发展，我国人民对外交流的机会越来越频繁，外语学习已经成为全社会共同的需求，通过学校教育获取外语知识的途径越来越重要。新的英语教学方向既要顺应时代潮流和人的自我发展需求，也要顺应未来社会发展的需求，使英语教育成为一种积极的、以关注人生、成就人生为主导的人文教育。

另外，除了英语知识本身的基础外，还具备运用英语的基本技能。根据学生的认知特点和学习发展需要，着重提高学生用英语获取信息、处理信息、分析和解决问题的能力，培养学生用英语进行思维和表达的能力，为学生进一步学习和发展创造必要的条件。现在的英语教学观念更强调"用英语获取信息、处理信息、分析和解决问题的能力"，这是着眼于信息社会对人的职业要求和生活需求，更是着眼于开放型社会与国际交流的发展趋势。

（3）重视情感素养与人文素养

语言与情感态度有密切的关系，学生在英语学习过程中形成的各种情感态度直接影响学生的学习效果，因此，保持积极的学习态度是英语学习成功的关键。语言与情感态度有密切的关系，学生在英语学习过程中形成的各种情感态度直接影响学生的学习效果，因此，保持积极的学习态度是英语学习成功的关键。

情感态度指兴趣、动机、自信、意志和合作精神等影响学生学习过程和学习效果的相关因素，以及学生在学习过程中逐渐形成的祖国意识和国际视野。教师应该认识到，学生只有对自己、对英语、对英语学习以及英语文化有积极的情感，才能保持英语学习的动力并取得好成绩。在英语教学中教师要特别关注学生的情感，融情感于教学，用自己的热情带动学生的热情。加强课堂教学，精心设计课堂，不断变换形式，营造清新、活泼的学习氛围，充分调动学生的学习兴趣。创设各种合作学习的活动，促使学生互相学习、互相帮助，体验集体荣誉感和成就感，发展合作精神，建立融洽的师生交流渠道，营造宽松、民主、和谐的教学氛围。文化意识包括文化知识、文化理解、跨文化交际意识和跨文化交际能力，这四个方面是密不可分、相互促进的。在英语教学中，教师应该让学生充分接触和了解英语国家的历史、地理、风土人情、传统习俗、生活方式、文学艺术、行为规范和价值观念等。了解这些有利于学生丰富生活经历、扩展视野；有利于促进对英语语言本身的理解和使用；有利于加深对本国文化的理解与认识，增强世界意识；有利于发展学生对文化差异的敏感性、灵活性和批判态度，形成跨文化交际能力。

教师应根据学生的年龄特点和认知能力，逐步扩展文化知识的内容和范围。教学中涉及的文化知识应与学生的日常生活、知识结构和认知水平等密切相关，并能激发学生学习英语文化的兴趣。

（4）不断提升自身的专业素养

积极利用新媒体信息技术平台，获取最新的英语教学资源，与不同地区的优秀教师交流学习，积极拓宽知识面。立足新课标、英语教学法等多方面内容，结合教学的具体实际并基于信息技术的教学建构模式，利用信息技术的交互性和及时反馈性来解决教学问题，重视对信息技术教学模式的研究和探索。积极参加"互联网+"英语培训活动，灵活运用信息技术开展课程教学，切实提高自身的专业素养。

2.教学方法的改革

（1）尊重学生的主体地位

教学方法的改革是英语教学改革的核心，教学方法关系到师生两个方面。教学以学生为主体，应从学生的角度设计教学内容。教学方法的改革需要集众人智慧，教师之间开展教学方法交流研讨会，相互之间共享教学经验，实现教学方法的共同进步。教学方法对于调动学生的积极性也很重要，应该在课堂上给学生充分的自由发挥空间，课程中穿插生动有趣的英语表演或是演讲，以充分调动学生的学习积极性，在提升英语能力的同时也促进了学生之间的情感交流，让他们感受团队合作的重要性。

课堂教学内容的选择是英语教学改革的重要组成部分，教学内容应偏向实用性。比如可以和学生日常生活结合起来，让学生能学以致用。合理的教学内容也能够使英语教学产生趣味性，吸引学生广泛参与，提高英语学习的效率。内容应从社会各方面进行选取，尽量选择学生相对熟悉的内容，使教学内容在适应时代特点的同时也容易被学生接受。英语教学改革需要教师在教材的基础上合理增加课堂教学内容，使课堂教学变得更为生动，提高学生的课堂学习效率，进而实现英语教学改革的目的。

（2）优化学习方式

"优化学习方式"就是使学习方式尽可能完善，从而产生最佳效率，而一个完美的或高效的学习方式有赖于学生的自主学习能力，以达到自我调节和自我完善的目的。培养自主学习能力的过程就是进行自主学习的过程，也是引导学生培养积极主动的学习方法，以形成各自有效的学习策略的过程。

新课程标准所倡导的自主学习、探究学习、合作学习等才能真正体现学生学习方式的变革。所谓自主学习是与传统的接受学习相对应的一种现代化学习方式。以学生作为学习的主体，通过学生独立的分析、探索、实践、质疑、创造等方法来实现学习目标。强调学习的主动性，就是使学生对学习感兴趣，视学习为乐事，把学习跟自己的生活、成长、发展有机地联系起来。另外，独立性和独特性也是自主学习明显的特征。从教到学的转化过程也就是使学生从依赖到独立的过程，从"依赖课堂、书本、教师"到"超越课堂、书本、教师"，学会自我调控，运用学习策略，最终实现"我能学"。

不同的学生有不同的个性，不同的学生有不同的认知水平、思维方式、学习需要、学习风格和学习能力，学习的结果也就各不相同。在英语学习上，高中生的差异更为突出，因此英语教学过程中，要尊重每一个学生的独特个性和差异，为每个学生提供创造发展的空间，使每个学生的潜能得以发挥，获得成功感。英语学习强调实践，有身体活动，口、手、耳、眼、脑并用；有心灵感悟。模仿和记忆语言知识是需要的，但语言技能和使用语言的能力光靠模仿和记忆是培养不成的。这就要求教师在教学过程中能创造使学生自觉地参与各种交际性活动的情境，在这些活动中体验和获得直接经验，并加以改造和发展。

3.教学评价的改革

学生在英语学习过程中表现出来的情感、思想、个性、行为等各个方面都应该得到教师的关注，并及时得到评价。高中新课程的评价应该包括爱的评价、发展性评价、个性化评价。这种评价应该以学生为主体，从人性化的角度评价，促使学生自我反思、自我成长，实现终身发展。

（二）学生学习观的改革

高中生英语学习观念直接决定了学习方式和学习效果。因此，树立正确的学习观念是英语学习过程中首要的问题，更是值得广大一线教师和学生共同研究的问题。

英语学习观念（English Learning Beliet）是人们对如何学好英语的各种各样的认识，特定的文化环境、个人的经历和他人的言行造成了学生英语学习观念的丰富性、差异性。但新课程背景下，对学生学习效果及学习能力有更新的要求，这些要求的实现是传统的学习方式不能满足的。因此，广大一线教师要对指导学生树立新的学习观念和探究新学习方式进行认真的思考和研究。

1.树立新型学习理念

（1）自主学习理念

自20世纪80年代以来，自主学习已逐渐发展成为教育的热点，尤其是"语言学习的自主性"更是被广泛关注。自主学习即启发和引导学生从"不会"到"学会"，再到"会学"，逐步培养学生自主学习的能力。学生的个性是认识的主体，实践的主体，自我发展的主体。学生应该由一个知识的被动接受者变为自我积极探究的学习主体，在接受知识本身的同时体验获得知识的乐趣、学会获得知识的方法的过程。

（2）多元学习理念

20世纪80年代，美国著名发展心理学家、哈佛大学教授霍华德·加德纳博士提出多元智能理论，加德纳认为过去对智力的定义过于狭窄，未能正确反映一个人的真实能力，他指出，人类的智能是多元化而非单一的，主要是由语言智能、数学逻辑智能、视觉空间智能、身体运动智能、音乐智能、人际智能、自我认知智能、自然认知智能八项组成，每个人都拥有不同的智能优势组合。学生在学习英语的过程中都展现了其特有的优势、独特的学习方法和不同的学习潜能。

针对这些学生应该树立充分挖掘他们自身不同智能优势的学习理念。树立自主学习的学习理念、培养学习兴趣、激发学习动机是当今学生最应该关注的事情。

（3）优化学习理念

优化学习观应该包括两个重要部分，即优化学习方式，高质量的学习效果。学生应该树立运用现代化学习手段和寻求探究良好的学习方式理念，同时更应该明确，学习辅助手段的优化是良好学习效果的重要保障。如利用多媒体手段、分组讨论合作探究等学习方式都可以让自己积极地投入到英语知识的学习中去，从而在轻松的课堂氛围中提高学习质量。优化学习理念也包括学生在学习过程中，通过认真研究、思考选择适合自己的学习策略，在有限的时间内，达到最高质量的学习效果。比如经常运用知识梳理归纳法、趣味知识联想法等策略。

（4）终身学习理念

我们现在所处的时代是知识经济时代，与以往的学习相比，无论是在内涵上还是在内容、方法、时间安排及相关影响上都有着相当的差异。第一，学习内容扩大与更替周期缩短；第二，知识总量的扩张与更替周期的缩短，每个人的学习时间都由青少年时期延伸到人的整个一生；第三，学习是维持生计与创造新的生活的手段。学习就是我们工作的组成部分，所以各行各业都提倡继续教育、终身学习。只有不断学习，才能始终把握科学技术发展的脉搏，才能始终站在知识创新的前沿，才能不断增强自身的竞争力，不断拓展自己的生存空间。

（5）创新学习理念

新课程标准下的外语学习要求学生从自身出发，挖掘自身学习潜能和学习的积极性、主动性，进行自主、探究、合作式学习。学生可以科学利用多媒体和网络技术优化英语学习，通过计算机对文字、图像、声音、动画等信息进行处理，形成声、像、图、文并茂的学习系统，能起到激发兴趣、引人入胜的效果。通过对多种资源进行再次利用，做到对知识信息的不断加工、组合和整理，真正实现英语学习的大容量、快节奏、高效率。在搜集、整理和应用的过程中，通过多种资源实现将知识、能力、价值观融为一体的学习。此外，在使用多媒体学习时，要充分考虑到自身学习的主动性和创造性，为学会自主学习提供前提条件。同时，为学生提供更加广阔的创造性思考空间，通过多媒体学习系统引发学生思考、讨论、回答问题，开发自主意识。

学生要努力营造积极生动活泼的学习氛围，充分挖掘成功的学习经验和学习方法。学生学会课前先对教学内容、教学过程、教学步骤进行大致的分解，探索知识的规律，认识其本质特征，培养思维能力，掌握学习方法。

2.新课程标准背景下的学习方式

（1）自主学习方式

自主学习是一种全新理念的学生学习和教师教学的模式，使学生在学习过程中"能够对自己的学习负责"，也就是说，学生能够负责就有关学习各方面的问题进行决策，主要包括确定学习目标、决定学习内容和进度、选择学习方法和技巧、监控学习过程、评估学习效果。语言学习的目的不是为了掌握语言知识，而是看其能否熟练运用语言来表达自己的思想，完成各种任务，更重要的是要掌握日后继续学习所必需的态度和方法技巧。这种目标的达到并不以学生掌握了多少词汇、能够背诵多少语法条文为标准，而是以学习者综合运用各种技巧模式对信息进行积极加强对学习过程自我监控，从而达到自然运用语言的过程。正如古人所说，"授人以鱼，不如授人以渔"。

（2）合作探究学习方式

合作学习是指学生在小组中为了完成共同的任务，有明确的责任分工的互助性学习，是课程标准积极倡导的一种学习方式。小组合作时，学生各抒己见，取长补短；观点不一，集思广益。学生合作学习时，总是进行明确的分工，让每一组的每一个学生都各司其职。学生之间相互合作学习，无论对于书本知识的学习效果，还是对课外知识内容的拓展都有积极的促进作用。

探究学习注重学生的自主探索真知的过程，注重满足学习的心理，给学生提供展示自我的机会，使枯燥的内容学起来饶有兴趣。学生从兴趣出发，进行自主探究、思考，运用已有的知识经验、思想方法，自己解决问题，发现新规律，实行知识的再创造，实现从不自觉到自觉的学习，并形成良好的学习思维习惯。

总之，自主、合作、探究学习是在新课程理念下学生的一种重要学习方式。有效的自主、合作、探究学习，能够唤醒学生沉睡的潜能，激活封存的记忆，开启幽闭的心智，实现学生综合素质的提高。

（3）情感体验学习方式

学生在语言学习过程中，不仅仅单纯记忆单词、短语、句式，而且要把自己融入语言环境中去感受、去体验、去品味，以便实现对知识的理解、领会、掌握、运用。让学生确实身临其境，真正感受不同语境中语言的运用效果。

第二节　信息技术与高中英语教学资源建设

一、信息化教学资源概述

（一）信息化教学资源的定义

资源是指可以被人类开发和利用的一切物质、能量和信息的总和。教学资源（教育技术领域），从狭义上通常把教学资源理解为可以应用于教学过程中的各种媒体设备和教学材料；从广义上讲教学资源则包括人力资源、物质资源和信息资源等诸多方面，它是指能够用于促进有效教学和学习的所有资源。

教学资源通常又称学习资源，它是指一切可以用来促进学生的学习、支持教与学全部过程的各种系统、教学材料和教学环境的总称。信息化教学资源，通常认为，信息化教学资源属于信息资源的范畴，是从狭义上理解的一种特殊的信息资源，是"经过选取、组织，使之有序化的，适合学习者发展自身的有用信息的集合"。狭义的信息化教学资源指的是以数字形态存在的教学材料，包括学生和教师在学习与教学过程中所需要的各种数字化的素材、教学软件、补充材料等等。广义的信息化教学资源还包括数字化教学环境，即教学过程中所使用的各种软件。

信息化教学资源是指经过数字化处理，可以在计算机上或网络环境下运行的多媒体材料或教学系统。它能够激发学生通过自主、合作、创造的方式来寻找和处理信息，从而使数字化学习成为可能。

（二）信息化教学资源的分类

信息化教学资源从技术发展的角度可以分为多媒体素材、多媒体教学软件、网络教学软件、集成型教学系统；从建设的角度可以分为素材类教学资源建设、网络课程建设、资源建设的评价、教育资源管理系统的开发。其中多媒体素材主要是指文本、图片、声音、视频、动画、电子书等；多媒体教学软件是指基于单机运行的教学软件；网络教学软件基于 Web 运行；素材类教学资源建设主要分为八大类：媒体素材、试题、试卷、文献资料、课件与网络课件、案例、常见问题解答和资源目录索引；网络课程建设和素材类教学资源建设是信息化教学资源的基础。

目前常见的信息化教学资源主要包括九类，分别是媒体素材、试题库、试卷、课件、案例、文献资料、常见问题解答、资源目录索引和网络课程。在教学中可以根据实际需要，增加其他类型的资源。

（三）信息化教学资源的媒体特性和特点

资源是教学的重要因素，在教学活动中，教学资源首先是作为教学内容的载体——媒体而存在，媒体作为一种传递信息的工具，对于教与学起到了良好的桥梁和纽带作用；其次才是作为教学信息而存在；最后才是支撑教学活动的教学环境和条件而存在。信息化教学资源是指经过数字化处理，可以在计算机上或网络环境下运行的多媒体材料或教学系统，它依旧属于媒体和媒体内容范畴。

1.媒体的特性

媒体的特性主要有呈现力、重现力、传播力、可控性和参与性。

（1）呈现力：媒体呈现信息的能力，呈现事物的空间、时间、运动、颜色、声音等特征的能力。

（2）重现力：对信息的重现能力。如书本可以反复阅读，录音、幻灯片可以反复重放。

（3）传播力：媒体以各种符号形态把信息传递给受众，不同媒体在传播的范围上各有差异。

（4）可控性：媒体可操纵控制的难易程度。

（5）参与性：利用媒体开展教学活动时，学生可以参与活动的机会（包括行为参与和感情参与）。

2.信息化教学资源的新特点

（1）组织的非线性化

传统的教学信息的组织结构是线性的；而人的思维、记忆却是网状结构。因此传统教育制约了人的智慧与潜能的调动，限制了发散思维能力的培养，不利于创新能力的挖掘与培养，而多媒体技术为教学信息组织的非线性化创设了条件。

（2）处理和存储的数字化

利用多媒体计算机的数字转换和压缩技术，能够迅速处理和存储图、文、声、像等各种教学信息。

（3）传输的网络化

随着网络技术的发展与普及，各级教育网络的逐步建立，教学信息传递的形式、速度、距离、范围等发生了巨大变化。

（4）教育过程的智能化

多媒体教育系统可以智能模拟教学，学生可以通过人机对话来自主学习、模拟实验、自我测验等，并能够通过实时的交互来实现反馈与评价。

（5）资源的系列化

随着教学的信息化和现代教育环境系统的逐步建立与完善，现代教材体系也逐步成套化、系列化、多媒体化。

（四）信息化教学资源的应用原则

教学资源的应用原则

在选择和设计信息化教学资源库时，首先要看一下现成的资源中是否有可用的，应尽可能地选取和运用现成的资源，这样可以节省时间、经费和精力；当已有的资源不能够满足需要时，要考虑对资源进行简单的修改以满足教学需要；在没有现成的资源供应用或者修改的时候就要设计、制作符合要求的教学资源。

（1）目标控制原则

教学目标是一切教学活动的出发点和最终归宿，它不仅规定了教师的教学活动内容和方式，而且还控制了资源类型和资源内容的选择。

（2）内容符合原则

不同的知识点需要不同的教学资源，因此对教学资源的选用和设计应充分考虑教学内容的需要，根据需要选择工具。

（3）对象适应原则

根据不同年龄段学生的认识结构差别，教学资源的设计与选择必须与教学对象的年龄特征相符合。

（4）最小代价原则

根据最小代价来进行教学资源的选择，既要考虑资源的可用性，又要考虑资源的成本，争取做到资源的成本最低化、资源的作用最大化。

（五）同步教学资源库

数字化教育资源库是数字化学习的重要支撑，也是教育信息化建设的重要内容。在国家的大力支持下，在教育部门制定的一系列措施的推动下，我国教育信息化建设在硬件设施的建设上已初具规模，除了加强硬件设施建设外，还要加强软件与资源的建设。目前互联网中的信息以指数方式增长，这些资源不仅在内容上多种多样，在表现形式上更是丰富多彩，其不足就是资源过于分散无序，与现行的新课程标准不能很好地同步、匹配。因此，在我国的基础教育中广泛呼吁建立同步教学资源库，并在大范围内共享教育资源。

1.同步教学资源库概述

（1）同步教学资源库的内涵与意义

同步教学资源库就是根据现行的课程大纲要求和目标，将分散无序的教育资源整合起来，从而构成按照一套系统的、与课程大纲同步匹配的教学资源的集合。

同步教学资源库的建设有两个层面的意义：

首先，随着我国终身教育体系建设战略的提出，数字化学习支撑体系以及数字化教学资源库将会有更广泛的应用需求，同步教学资源库的建设能够使师生高效方便地将其应用于自己的教与学的过程中，并在大范围内实现优质资源的共享和辐射。

其次，随着我国教育信息化的逐步拓展，教学资源越来越丰富，教学资源的有效管理成为教育信息化的关键。同步教学资源库既能为各类学习内容对象提供高效的存储管理，又为各种使用者提供方便快捷的存取功能，还为教学管理者提供资源访问效果评价分析，从而系统地提高教学资源对象的利用率，促进教学资源更好地为实际教学系统服务。

（2）资源库的资源类型

目前中小学资源库的建设各具特色，普遍的开发思想是基于强大的教育资源系统管理平台，这些资源库根据不同年级、不同主干学科，与新大纲、新教材配套进行设计，每门学科包含大量教学素材，具体细分到每一课或每一单元知识点的内容，素材之间的关联以知识点为基础，然后在此基础上对资源库进行拓展。根据中小学教学的特点和实践，同步教学资源库的建设一般包括教学素材库、教学课件库、实验素材库、试题/试卷库、备课资料库、教学案例库、参考文献库、工具软件库八大模块。

2.同步教学资源库的构建

（1）同步教学资源库设计的原则

同步教学资源库的建设应以现代教育思想和理论为指导，通过设置超级链接、提供多媒体资源等技术手段，构建起以师生为主体的内容丰富、形式生动、交互及时的资源库平台。其设计原则具体表现在以下几个方面。

①科学性原则。资源建设必须针对教学的需要，紧紧围绕学科特征、课程大纲和目标来建设，并考虑教学应用的实用、快捷、高效性，做到与现行的课程目标同步。

②多媒体化原则。同步教学资源库的内容呈现应该是多媒体化的，尽量采用多种媒体，恰当生动地传递教学内容，因此在资源库中要提供大量的文本、图形、图像、音频、视频、动画，同时也鼓励采用超媒体以及流媒体等技术。

③个性化原则。同步教学资源库使用的主体是教师、学生和教学管理人员，资源库应该允许用户自主选择学习内容，提供个性化的定制服务，如资源库中的用户个性化空间，由用户自主决定定制、分享何种资源。

④标准化原则。资源建设应以教育部颁布的《教育资源建设技术规范》等标准为指导，并结合学科、专业、课程特点制定资源建设标准。为提升资源库的可移植性，资源建设过程还应该遵循一定的数据标准，例如SCORM标准。

⑤"开放、共建、共享"原则。开放就是资源要采用比较方便修改的方式组织；共建就是要发动教师参与资源建设；共享是要将资源有效组织，供全区域教师使用。

⑥易用性原则。结构化、系统化组织各种课件、教学案例、教学设计、教学反思、教学手记等资源，并为用户提供便捷、快捷的搜索功能。

（2）常见的同步教学资源库构建模式

同步教学资源库通常有三种构建模式：一是通过专题网站形式构建同步教学资源库，这种方式指针对某一个专题而创设的网站，是一种很有针对性的资源库建设方式。二是以学科资源网的形式构建同步教学资源库，将各个学科的教学资源通过网页的方式链接在一起，由此而形成的资源网站。三是通过平台集成的方式构建同步教学资源库，该模式利用现成软件系统平台对批量资源进行管理，这种建库方式快捷、方便。

3.同步教学资源库的应用

同步教学资源库作为教学资源系统化、结构化的集合，在教育运用中主要用于辅导教师备课、辅导教师课堂教学、辅助学生进行课外自主学习以及运用于社会教育。

（1）辅助教师备课

教师能够按照同步教学资源库中的结构化导航，快速定位到配套的特定单元/知识点的备课资料。更重要的是教师可以通过同步教学资源库查找、获取大量丰富有效的信息来源，弥补自己原有知识的不足，应用于课堂教学中去。现有的同步教学资源库包含了大量帮助教师有效开展教学的应用系统，如多媒体教学资源备课系统、网络课件制作系统、多媒体教学资源编目工具、分布式多媒体教学资源管理平台等等，这些应用系统及平台将促进教师有效整合信息技术与课堂教学，优化教育教学过程。

（2）辅助教师课堂教学

各位授课教师可以直接下载同步教学资源库的相关案例、教学素材等直接运用于自己的课堂教学，提升课堂教学的质量与效率。同时在现有的同步教学资源库中有很多的模拟实验库，在多媒体网络教室中，教师直接可以将其运用到课堂教学中，让学生在生动的模拟仿真实验中更高效、更节省实验成本地开展相关的教学实验。

（3）辅助学生课外自主学习

同步教学资源库为学生的个性化学习提供了很好的支撑，无论是学优生还是学困生，都可以自主地进入到相应的同步教学资源库系统中下载、订阅、共享自己喜欢的学习资源。

二、大数据分析与英语教学

（一）大数据学习分析的作用

就外语教学而言，学习分析技术的主要功能是以深入的数据分析，评估课程教学、教学程序和教学机构，改善现有教学考核方式，为学生提供更有针对性的教学指导。也就是说，学习分析技术不仅可以帮助教师从学习行为角度解析学习动力和学习过程的发生机制，还可以基于学习行为数据分析，优化教学手段并为学习者推荐更有针对性的知识渠道开展自主学习。在教学过程中，学习分析可以有以下几个方面的具体应用。

1.帮助教师优化教学

在外语教学实践中，教师可通过学习分析技术及相关分析工具，获得学生学习过程、学习环境以及学习绩效等相关信息，为教师改进教学提供依据。教师从网络学习技术系统可以获取学生行为数据，包括访问的网页、登录的时间、课程学习时间、完成课程作业情况，以及在课程网站的交互痕迹等。教师依据这些学习分析数据，掌握学生的学习风格和学习进展情况，通过学习分析数据，制定结构化评价工具并对学生进行动态化的形成性评估，获悉学生潜在的学习需求，从而调整和制订能够满足当前学生学习需求的教学方案。

2.为学生自主学习提供分析指引

当前的网络学习系统已具有聚合和存储大量以学习行为为主的信息数据，通过学习数据统计分析与数据可视化呈现，学习者可获得揭示学习行为模式的学习报告，预测学习趋势和其他可能发生的教学与学习状态。

学习分析作为学生学习需求的技术工具，除了用以诊断学生学习需求之外，它还能够有效地帮助学生诊断和缩小学习差距。通过学习分析技术，数据分析将可视化的学习绩效结果反馈给学生，学生据此自我评价，充分了解到自己的学习优势和不足，有望使学生成为利用数据规划自我发展，实现自我发展的主动学习者。相关学习分析报告可使学生从中获得自己所有课程的学习情况，知晓课程得分和总体学习水平，以及在班级横向比较中的学习程度等。系统还会对某门参与程度不高的课程标出警示，提示学生可以获取哪些方面的帮助而取得成功。可以说，学习分析技术能够成功地提高学生的学习成效。

既往困扰个性化自主学习的一个重要问题是针对差异化学习成效的评估与指导不足，因为对于不同学能、不同定位、不同知识基础的学生，采用整齐划一的终结性评价方法是难以得出科学结论的。应用分析技术则以分析软件为每个学生建立详细档案，记录其在校期间完整的信息日程、学习经历以及其他个人信息。分析软件对这些信息进行分析，提出对时间管理、课程选择的相关建议，分析其他有助于学生在学业上获得成功的要素。由此可能为每个不同定位的学生提供各自个性化的评鉴与指导。

此外，以往教学中学生必须等到教师将作业批改完毕，才可能得到相应的提示。而应用学习分析技术，当部分学生学习投入不足时，系统分析结果就会自动给出提示，督促学生加强相关学习。当学习分析技术生成使用信息后，教师也能够通过信息追踪和分析判断自己授课的效果，进而通过相应的调整来提高教学成效，为每个学生量身定制个性化的学习课程和评价指导。

（二）大数据对外语教学变革的支撑作用

1.大数据信息的高速聚合和高度智能进化功能

大数据具有高速聚合和不断智能生长进化适应的强大组织功能。在大数据技术背景下，数据生成不专属于收集和整理部门，也不仅只存在于有具体结构的数据系统之中：数据产生于社会的各行各业，同时也运用于各行各业。也就是说，每个人都可以通过网络获取自己需要的信息，也可以发布自己认为有价值的知识信息与他人共享，使外语教学所需学习资源智能进化生长。

由于相似信息资源庞大，信息数据处理跨度具有信息内容高速聚合和高度智能进化适应的本质特性，能够使外语学习获取丰富多彩且与时俱进的丰富学习资源。这一技术特性，无疑也方便外语教师随时建构最新的外语学习资源，通过网络教学平台开辟"外语视频聊天室""基于5G手机的外语翻译在线支持系统"等教学渠道，构成英语学习文体聚合模型及内容、练习、评价、活动、生成性信息、多元格式等应用程序，为学生提供多样个性化的实时交互指导。

2.学习信息与资源的高度专业化链接

大数据技术能够继续拆分微内容至最小单位，使词义标准化和结构化，进而实现微小信息和微内容之间的语义连接，智能搜索引擎提供基于语义的检索与匹配，帮助学习资源和学习者之间实现专业化连接，不仅高速聚合了相关专业信息，也方便了专业人群之间的联系。互联网在将全球各地的人们连接起来的同时，也将分散于各地的信息连接起来，产生了数据来源于合作、合作产生更多数据信息的良性循环局面。以至不同地域的同业学习者被轻松整合在同一平台上一起学习与思考，激发起创造的冲动，碰撞出创新的火花，由此产生越来越多的数据价值服务于人们的专业学习过程。这样的学习方式也同时改变了人们的竞争意识，合作与竞争共存是当代人的发展理念。

3.对教育观念与形式的解构与重构

大数据为21世纪带来全新的认知观念和行为方式的同时，也带来了教育观念与教育形式的解构与重构。网络技术使人们生活的时间和空间概念都发生了剧烈的改变，大数据时代尤其如此，教育领域中慕课（MOOCs）的出现使分布在世界各地的学习者，可以在线学习同一门课程。在线学习系统还可以在任何时间和任何地点提交作业、提出问题、获取教师或同伴对相关问题的解答，或连接其他任何相关网络资源。由此起始，当前慕课等以免费和开放为特征的网络开放性教学资源，在解构传统课程教学的同时，也重构了基于互联网的新教学流程，催生了"颠倒"教学流程的翻转课堂和碎片化解读知识的"微课"课程等革命性的教学创新。

4.无所不包的数据信息聚合能力

语言产生也被应用于一切语境之中，外语教学需要各式各样的教学语境信息。而以往的外语教学往往仅具备单向度的主流意识信息，因此使许多词语语义变得抽象空泛而不易理解。在大数据时代，数据摄取与产生数据者的意志和意识并无直接关联，一切都可以成为数据，一切数据都是社会团体与个体共享的需要。人们的消费行为数据为商业分析需要；遍布大街小巷的摄像记录数据，为国家安全和区域治安需要；道路通行的车辆记录数据，是交通管理的需要；网络用户的浏览痕迹数据，是互联网智能管理的需要。搜索引擎等网络系统依据用户浏览内容来判断用户意图与兴趣，发送到人们邮箱里的个性化商业广告也是据此而推送的。由于数据与产生数据者的意志和意识无关，因此，大数据所囊括的信息数据无所不包。大数据这一功能特性，恰好吻合外语教育资源社会性、文化性、认知性和信息性的综合需要，有效破解了外语教育语境缺乏的教学瓶颈。

从上述几个方面扼要的列举中，足以使我们欣喜地看到，大数据带来的不仅是新奇和便利的技术功能与使用方式，它更给我们带来了一种全新的认知观念。这一切由大数据悄然引发的改变，无不都是对外语教学与学习变革的有力支撑。

（三）大数据时代英语教师的职业发展

1.大数据语境下的教师角色定位

（1）英语教学活动的组织引导者

在大数据背景下，教师不再是知识的唯一拥有者，教授也不再是知识唯一的传授方式，学生可以从多种渠道的学习资源中汲取丰富的知识信息。但是，学校教育仍然需要有序组织，学习活动仍然需要教师充当起学习的组织者。尤其当前学生由传统教育走向自主泛在学习的过程中，还会存在颇多的制约因素，包括学生的学习观念与学习习惯转变问题，学生面对复杂的学习信息可能会缺乏判断而无所适从。因此，大数据背景下的教学过程中，需要教师充当学习活动的组织引导者，引领学生能动地适应应用数字技术的自主学习环境。

大数据模式教师与学生的教学互动，除了教师或学生面对面的交流之外，更多的交互发生在网络实时或非现时的讲解、分析和讨论之中。教学采用网络学习系统自动反馈、部分作业教师反馈、教师集中反馈等多种形式对学生的学习给出评价。在教学过程的起端，需要教师精心设计并组织协调；在教学过程中期，又需要教师积极地引导学生纳入正确的学习轨道，并监控学习质量、督促其学习进度，教师的职能职责无疑发生了很大幅度的改变。

（2）英语教学资源的研发者

传统教学模式中，教师是既定课程计划和学习资源的实施者与应用者。虽然外语教学中也运用计算机网络技术将部分教学内容数字化为多媒体资源，也为学生提供可登录学习的信息平台等。但限于教学资源建设相对静态，上述线性集中的学习资源，多半只是以数字化形式重复纸质文本资源信息，加之教学管理机制的种种限制，多媒体资源对学生自主泛在学习的知识支撑极其有限，教师的创造性作为也无从谈起。

而大数据技术为学生提供了超越时空和无缝对接的泛在学习环境，因此，教师需要为之创建对应的学习资源，这些资源还必须是动态发展的，以满足学生不断发展的学习需要。在依托大数据技术的教学创造中，教师需要以科学、创新的态度研究时代的教育理论、教学规律、教学模式和教学方法，并以动态的观念去构建不断进化发展的学习资源。

2.大数据背景下英语教师的职业发展

由于现代教育技术突飞猛进的发展，学生学习的资源、学习方式、学习环境场所等都发生了革命性的改变，外语教育的教学手段和教学资源得到了极大的丰富，如何提升自身的网络与信息技术的运用能力和数据分析能力，担当起英语教师新的角色，掌控学习过程并兼顾形成性评价，已成为英语教师亟待研究而无可回避的现实课题。

职业的专家型教师应该具备的复合型知识结构，应该成为每一位外语教师自我完善的努力目标：精通自己所从事学科领域的系统知识，即掌握相关外语学科专业最新知识和具有运用的能力；熟悉教育科学知识，具有娴熟使用英语实现教育的能力；具有较高层次的自我修养意识和道德人格，善于不断自我评价和自我完善；此外，具备开阔的学术视野，掌握多学科的基本科学人文知识，也是一名职业教师所必备的基本素质。

在大数据时代的教学环境中，多元化的教学模式促使学生希望教师的教学内容能新颖独特，更能让学生产生兴趣，又给外语教师增加了新的工作压力。面对这一发展趋势，我国高中学校的外语教师既要面对教学任务繁重的现实压力，又要转身迎接大数据时代带来的巨大挑战。

教师需要认识自己在新教学模式中的角色定位与教育使命，及时转换角色并努力提高自身的能动适应性，使自己成为能动性适应学习信息聚合结构中的一种有机驱动力。随着大数据时代外语学习途径的多元化发展，学生对外语课堂变革的期望也会日臻提高，高校外语教师需要掌握数据分析的技能与方法，进一步改进课堂教学模式和教学方法，充分利用共享开放的网络学习资源，积极投身于微课程和翻转课堂的教学尝试，以关联理论和学习策略为指导，努力培养学生能动关联的学习意识和学习兴趣，引导他们从被动接受转变为主动探索知识，使学生听、说、读、写、译等综合应用能力和大数据背景下外语教师的职业素养得到同步提高。

大数据技术重塑了当代学习者社会交际与知识学习的行为习惯，也将彻底改变英语教学的传统模式和英语教师本身。教师要根据学生个性化需求而广泛获取、整合、分析和处理各种分散性学习信息资源，帮助学生确立长远发展目标、制订个性化学习计划，传授英语学习具体策略和方法激发学生外语学习兴趣，促进学生学会自主学习和合作学习，指导学生不断修正学习方法和学习计划，并对学生学习提出评价和实施监督等等，所有这一切组织、引导和协调的能力，都是大数据背景下英语教师所必须具备的职业能力，也因此成为英语教师职业发展的具体努力方向。

三、网络资源与高中英语教学

（一）网络资源在高中英语教学中的优势

网络多媒体资源与实体资源相比，具有以下优点。

1.海量信息，覆盖面广

在浩瀚无垠的信息资源海洋里，人们几乎可以查找到所有题材的资料，可谓无所不有。如各种语言的文学和文化素材、新闻报纸杂志、教学研究论文、英语教学素材、教案、教参、教学游戏、自学辅导材料、英语教师进修站、学位课程选修点等等。因此，互联网络为英语教学提供了取之不尽、用之不竭的语言教学和学习素材。互联网是一个虚拟的无纸化的媒体，进入互联网仿佛进入到一个巨大无比的图书馆，将网络资源说成"海量"一点儿也不为过，语言教师和语言学习者可以根据自身需要，对信息进行筛选、探索和整合，从而形成对自己有意义的建构。

2.实时更新，传播及时

互联网上的信息传输速度非常快，更新非常及时。网上的资源如此之大离不开不断增加和实时更新的信息。从广义上讲，互联网上的资源包括电子邮件、电子论坛、微博等各种实时交流手段。通过电子邮件，人们可以及时收发信息；通过微博，人们可以随时随地进行各种话题的讨论和交际；通过电子论坛或杂志，人们可以获取最新的研究成果和信息。与传统的书报相比，网络的信息发行可以做到真正意义上的"及时"。无论是一则新闻还是一项新的科研成果，都可以在第一时间向全球发布。

3.突出个性，因材施教

由于信息量大、涉及面广、查找便捷，网上资源非常适合教师的个性化教学需要，帮助他们编写出具有个性化特点又符合学生语言水平的教案。教师在准备教案时，可通过搜索引擎输入关键词，访问相应的网站，再结合学生的学情，查找到所需的资料，最终形成富有个性的教材。

4.资源共享，经济便捷

大部分的网络资源可全球共享，而且绝大部分可免费索取，即使有一些网络资源需要付费，但与传统的报刊相比还是非常便宜的。教师利用网络资源建立一个中型甚至大型的个人虚拟图书馆。教师一旦建立了个人虚拟网络图书馆，就能非常省时、方便地检索资料，所需资料往往很快就能整合到一起。由于这些工作都是利用计算机来完成的，对选中的资料可以轻松地进行复制、粘贴和重新排版，制成电子教案或打印出具有个性化的教材。

（二）网络资源在英语教学中的表现形式

1.文本资源

在信息技术高度发达的今天，要了解语言的发展趋势和最新研究动态，只需输入关键词就可以在搜索引擎中检索到想要的信息。传播速度快是网络资源的优势之一。信息的范围广、内容丰富是网络资源的另一大优势。当我们在教学中感觉到所使用教材内容可以延伸拓展时，就可以利用互联网搜索与教学有关的文本资料。例如，在英语阅读教学中，教师可在一些专业的学习 App 上选择适合学生语言程度的各种题材最新的文章，让学生全面了解英语语言国家的背景知识、新闻、逸事。利用网络资源使教、学双方摆脱了知识的局限性，摆脱知识陈旧和语言不真实的问题，使学习者所学的知识和了解的信息与时俱进，使研究者的研究总是走在时代的最前沿。

2.视、听资源

外语教学的最终目的是使学生掌握语言知识、语言技能，培养他们正确的文化意识、学习策略和情感态度，提高他们综合的语言应用能力。教师在教学中，除了向学生传授语言基本知识（语音、语法、词汇等）外，还应培养学生的听、说、读、写能力。我国英语教学缺乏语言环境，学生的听、说能力得不到应有的训练。而网络上的视听资源广泛，真实性强的视听素材可弥补这一缺憾，对培养学生的听说能力很有帮助。利用好这些视听资源将会大大地提高学生的听说能力。网络视听资源主要有广播新闻、影片视频等。这些英语视听资源形式多样、内容丰富，不受时间、空间的限制，且内容新、时效性强，英语发音地道、纯正，对培养学生的交际能力很有帮助。网络视听资源的下载和使用也十分方便，如今已被许多教师在课堂上采用。

3.在线词典、翻译工具

在线词典（On-Line）是基于 Internet 环境，为用户提供实时词语查询服务的数字化参考工具。互联网上的在线词典不仅种类繁多、数量巨大，而且语种齐全、专业性较强。在线词典更新快，已经形成了一个庞大的包括多语种、多学科、多类别词典的资源库。近年来，各主要权威性辞书出版社都出版了自己的网络版词典，如英国牛津出版社出版的

"牛津英语在线词典"等，在内容的权威性、释文的经典性、条目的完备性等方面都具有一流的水平。基于庞大的网络语料库的免费网络词典，如网易公司旗下的"有道在线词典"在检索新词，尤其是在中国特有的词汇的汉英翻译方面具有独特的作用。此外，在线词典以及部分搜索引擎除具备词典功能外，还能进行短文翻译，起到了在线翻译的作用。

4.语料库资源

语料库在外语教学和研究中所发挥的作用越来越大。通过检索网络语料库资源，教师可能得到真实、地道的语言例句，或是进行语言对比分析研究。目前网络上可直接免费使用的语料库有BNC、COBUILD等。在外语教学中，纯粹的课本或辅导书已经不能满足师生的要求，教师需要更为全面和真实的语言实力。通过网络语料库的检索，教师可以将真实的语料应用于英语教学中，使语料库成为英语教学的又一种资源选择。将语料库应用于外语教学可以改变传统的以教师为中心的教学模式，鼓励学生参与，充分发挥学生在学习中的主动性、能动性和积极性，帮助学生在丰富的语言实例中找出共性、得出规律。教师也可以更形象更直观地向学生展示各项语言知识。不过，教师要事先挑选好合适的语料资源，否则会造成盲目学习或者课堂混乱的结果。

四、英语网络教育资源的建设

（一）网络教育资源建设

1.国内外基础教育网络教育资源建设的现状

目前，已经有很多国家先后建立教育资源门户网站，如美国教育资源门户网站，该网站中没有放置任何教育资源本体，主要是一个教育资源元数据描述的记录数据库加一个搜索引擎，把各类教育资源联系到了一起，为美国乃至全世界的教师、家长、学生提供大量的教育资源信息。英国早在1998年建成了全国教育门户网站全国学习网络（NGFL），以求连接所有的学校与教育机构。经过几年建设，NGFL已经成为欧洲最大的教育门户网站，而且具备功能强大的搜索功能。

总之，国外对网络教育资源库建设并没有一个统一的定位，大都根据教学实际和科研需求而提供相应的内容，表面上看起来零散的资源却能为用户提供有效的服务，因为国外信息渠道比较丰富，除了因特网还有大量的图书馆和资源中心，用户可以通过多种方式获取信息。

中国基础教育知识仓库（CFFD）是国家重中之重、国家级火炬计划项目，由《中国学术期刊（光盘版）》电子杂志社研制，教育教学与知识资源对全国学校、师生提供商品化共享服务。共享方式为个人上网、网上机构包库、校园网开放式镜像站点、校园网封闭式镜像站点、电子阅览室或多媒体教室以光盘局域网方式共享。

我国已初步形成现代化教育资源体系的雏形，但各校资源建设的速度和质量还不适应网络远程教育的发展，资源建设仍然是当前影响网络远程教育发展的瓶颈，教育资源仍是试点学校十分关注和需要解决的课题。

2.教育资源素材开发工具

多媒体素材库包括各类文字素材、图形素材、图片素材、音频素材、视频素材、动画素材等。文本素材的开发除通过传统的键盘输入、语音识别输入、扫描识别输入外，还可以采用文本抓取工具——Snaglt抓取文字，然后采用写字板或Word进行编辑整理。

比如，图形、图像素材的采集可通过软件创作、扫描仪扫描、数码相机拍摄、数字化仪输入，从屏幕、动画、视频中捕捉。常见的图形创作软件有Windows附件中的Paintbrush，还有专用的图形创作软件，如Auto CAD、Corel Draw、Freehand、Illustrator，还有专业的图像编辑软件Photoshop等。而屏幕抓图是用HyperSnap-DX、Capture Profession、Print Key、Snaglt等软件抓取屏幕上任意位置的图像。视频采集可用视频捕捉卡配合MediaStudio和Premiere等软件采集录像带上的素材，还可以利用视频片段或把视频文件 DAT 转成 AVI 文件等。动画素材可用 Animator3D、Studio max、Flash 等制作二维或三维动画。当然多媒体素材资源库的建设还可以购买数字媒体资源，如资源光盘、资源数据库等或从互联网上搜寻下载大量分散的免费资源。

有了优秀的素材，还要对其进行筛选和数字化再加工，避免资源的重复建设和浪费。并上传共享，对外开放，与外界交流，避免重复开发，使已建成校园网、实现"校校通"的学校充分共享资源。并调动所有能调动的相关人员，在统一规划与指导下参与到资源建设中来，以发挥每个人的智慧与创造性，及时为教学资源库补充新鲜血液。

3.英语网络教育资源建设的理论基础

（1）建构主义学习理论

建构主义也译作"结构主义"，是认知心理学派中的一个分支。建构主义理论一个重要概念是图式，图式是指个体对世界的知觉理解和思考的方式，也可以把它看作心理活动的框架或组织结构。图式是认知结构的起点和核心，或者说是人类认识事物的基础。因此，图式的形成和变化是认知发展的实质，认知发展受三个过程的影响：即同化、顺应和平衡。具体表现为：①同化。同化是指学习个体对刺激输入的过滤或改变过程。也就是说个体在感受刺激时，把它们纳入头脑中原有的图式之内，使其成为自身的一部分。②顺应。顺应是指学习者调节自己的内部结构以适应特定刺激情境的过程。当学习者遇到不能用原有图式来同化新的刺激时，便要对原有图式加以修改或重建，以适应环境。③平衡。平衡是指学习者个体通过自我调节机制使认知发展从一个平衡状态向另一个平衡状态过渡的过程。建构主义源自关于儿童认知发展的理论，由于个体的认知发展与学习过程密切相关，因此利用建构主义可以比较好地说明人类学习过程的认知规律。即能较好地说明学习如何发生、意义如何建构、概念如何形成，以及理想的学习环境应包含哪些主要因素等等。总之，在建构主义思想指导下可以形成一套新的比较有效的认知学习理论，并在此基础上实现较理想的建构主义学习环境。建构主义学习理论和建构主义学习环境强调以学生为中心，要求学生由外部刺激的被动接受者和知识的灌输对象转变为信息加工的主体、知识意义的主动建构者；要求教师要由知识的传授者、灌输者转变为学生主动建构意义的帮助者、促进者，依托多媒体计算机和网络技术、建立英语教育资源网，正是建构主义学习环境下的理想认知工具，有利于创设情境，促进学生协作、建立会话桥梁，达到"意义构建"的良好学习环境的建设的体现。学习资源是指提供与问题解决有关的各种信息资源（包括文本、图形、声音、视频和动画等）以及从互联网上获取各种有关资源。学生自主学习、意义建构是在大量信息的基础之上进行的，所以必须在学习情境中嵌入大量的信息。丰富的学习资源是建构主义学习的一个必不可少的条件。另外还要注意怎样才能从大量信息中找寻有用信息避免信息污染，因此教学设计中要建立系统的信息资源库（或使用现有的资源管理系统），提供引导学生正确使用搜索引擎的方法。

（2）系统设计理论

教学系统设计理论强调，整个教学是以系统的形式存在着有机体，是由诸多要素以一定的结构组成的具有相对功能的系统，整个教学系统是由不同层次的等级结构组成的开放系统，它处于永不停息的运动之中。教学系统设计把教育、教学本身作为整体系统来考察，并运用系统方法来设计、开发、运行和管理，即把教学系统作为一个整体来进行设计、实施和评价，使之成为具有最优功能的系统。

教学系统设计作为对学习者学习绩效或教学问题的解决方案进行计划筹谋的过程，对学习资源的设计与建设尤为关注。学习资源系统是教育系统中的一部分，它是由多个要素组成的。如：设计的资源和可利用的资源；硬件资源、软件资源；人力资源和非人力资源；知识资源、智慧资源、工具资源、素材资源；本地资源（实库）和导航资源（虚库）、专题资源和综合资源；大型、中型、小型、微型资源；等等。而每一个要素又可以看作学习资源系统的子系统。按照系统论的观点，学习资源作为一个系统必然要与比它更大的系统——整个社会的教育系统，甚至与社会这个大系统发生联系。而社会大系统中许多其他子系统都与教育有关，都具有提供学习资源的潜在可能性，因此在进行学习资源系统设计时，要将整个教学系统与能够提供学习资源的潜在可能性的社会系统联系起来。社会大系统给学习者的学习提供更丰富的学习资源，这与教育技术的核心观念是一致的。即利用一切可以利用的资源，为促进学习服务。那么如何为学习服务呢？首先，要系统地了解、研究和规划可用于学习的社会资源和机会。其次，要把社会型学习资源与教育系统复合体联系起来，作统一的规划和安排。最后，在教学系统设计过程中为社会性学习资源的利用安排适当的机会，以充分发挥这些资源的作用。

（3）信息加工理论

信息加工理论是20世纪50年代中期在西方兴起的一种认知心理学思潮，以信息处理的过程来说明人的认知过程及其机制，解释人的复杂的行为。它借助合理的科学方法，可以解释人类的许多思维过程，使得人类的高级思维过程不再那么神秘。例如对选择性注意、编码、贮存和提取等信息加工过程的分析，有助于我们进一步了解人类学习的内部过程。信息加工理论认为，学习过程就是一个信息加工的过程，即学习者对来自环境刺激的信息进行内在的认知加工的过程，当环境刺激与记忆内容以某种方式影响学习者的操作水平时，学习便发生了。学习是学习者神经系统中发生的各种过程的复合，是对信息的接收和使用的过程，是主体与环境相互作用的结果。

依据信息加工学习理论，人的所有知识的学习，都是从感觉开始，并经过知觉、记忆上升到思维层次，最终实现掌握。而远程教育学习者自主学习过程就是一个知觉的过程。在这个过程当中，大脑对感觉到的信息进行组织和解释，从而获得感觉信息的意义。它被视为一系列连续的信息加工过程，并且依赖于学习者过去已有的知识和经验，也可以视为新旧知识整合的过程。

在网络教育中，通过媒体课件、计算机网络等多种教育手段的运用，将要传授的知识内容和经过精心选择、设计和技术处理的客观事物的特征展现在学生面前，进行形象化教学。这种思想正是我们进行网络教育学习资源的建设时需要强调和考虑的。

（4）情境认知理论

情境认知理论，也叫作共享认知理论。该理论认为知识必须在真实情境中呈现，只有发生在有意义的背景中的学习，才是有效的。学习活动是学习与所学知识整体的一部分，背景有利于意义的构建并能促进知识、技能和经验的连接。情境认知理论注意学习社会性的交互作用和协作，提出了"实践的共同体（communities of practice）"的概念。实践共同体中的学习者，起初只是一个新手，处于共同体的边缘，在向共同体中心移动的过程中，他们会更多地接触共同体中的文化，并开始扮演专家或熟手的角色。这一概念的提出表明，学习不仅是情境性的，知识需要通过活动产生，而且学习还是共享某一情境的社会单元的构建过程，知识是合作的产物，人们通过不断的学习增强了参与特定情境共同活动的能力。

根据情境认知理论，在设计学习资源时，应考虑在学习资源中涉及大量的帮助和激励学习者进行观察、参与、探索、发现和发明等活动的方法；构建逐渐复杂的不断变化的问题解决情境的序列，有助于指导学生不断构建专家的实际操作中所必需的多项技能并发现技能应用的条件；以使学生在实践的共同体中协作解决问题，通过社会交互作用和知识的社会建构不断进步，逐渐转变为"熟手"或"专家"。

（二）当前校园英语网络教学资源建设存在的问题

1.资源建设人员缺乏教学意识

长期以来，大多数学校的校园网建设、更新工作是由计算机人员、课件制作人员、网络维护人员来完成的，由于他们长期从事技术方面的工作，对实际的英语教学工作了解有限，通常只是为了建库而建库，导致资源的可利用性不足。

2.重视静态资源的建设而忽视收集动态的学习资源

静态资源是指供教师查阅、参考和学生浏览的（如专家论文，专家报告，教师的教案，动画、课件等现成素材），是缺乏互动性的资源；动态资源则是由教师的教学活动、学生的学习活动和他们参与讨论所形成的资源，以及参与这些学习活动的教师和学生构成的教学资源，它反映的是参与教学活动的教师和学生的思想。例如：英语教师通过网络进行教学的过程中，组织学生就某一个学习内容进行讨论性学习，由于每个学生对问题的认识和见解不同，他们在相互讨论的过程中，不同思想的碰撞可能会产生智慧的火花。因此，如果对学生搜集的资料和讨论的过程进行记录和整理，并将其纳入教学资源库，这将是一笔宝贵的财富。随着时间的推移，资源的内容也会不断创新。教学虚拟社区就是在这一背景下产生的。动态资源的积累是教学资源库建设持续发展的一种策略，它不仅促成了资源建设的不断更新、发展和完善，同时还可为后来的学习者提供学习的参照和指导。但是目前一些学校的校园网教学资源库的建设在这方面做得不足。

3.资源库内容缺乏统一规划、系统设计和明确的分类

教学资源库的建设是一项涉及教学理论、教学观念、教学内容、教学策略、技术规范等方面的系统工程。在资源库的建设中，建设人员多将眼光放在收集更多资源上，很少从英语教学实际需求出发，未对资源库的各个子模块进行系统的设计，没有建设反映课程改革的最新成果的教学资源。这与教学实际需求还有一定差距，而且很多资源库也没有考虑到资源的分类是否有利于在教学和学习中使用，只是按照自己的想法或建设的方便性去考虑，因此所建设的英语资源库多具有欣赏性而少有实用性。

（三）英语网络教学资源建设的原则

1.科学性原则

科学性原则要求各种学习资源设计必须遵循教育规律，设计的内容准确、结构合理、前后统一。也就是说，学习资源的内容必须是符合高中英语教学大纲的要求，设计者不能随意修改、删漏；同时，学习资源的内容结构要合理，不能盲目拼凑、秩序混乱；另外，各种学习资源的内容描述要统一，不能前后相悖，否则会给学生的学习造成混淆或困惑。

2.教学性原则

学习资源不是知识点的简单罗列，学习资源的应用不能偏离实际的教学环节。学习资源在提供知识、信息的同时，更应为教学提供触发的契机，为学生的学习提供可以攀缘的脚手架，引发学生的学习兴趣，调动学生的学习主动性与能动性，不应让他们感到太难或太简单，更不能让他们觉得太枯燥，丧失学习的兴趣。

3.可接受性原则

学习者的个体差异决定了不同的人偏好不同的媒体资源，但大多数人对同一种资源的认知都会在比较接近的程度内浮动。在设计学习资源时，必须充分考虑大多数人对某种资源的需求，如英语教学中的听说教学，利用录音媒体强化听说训练是很有效的，一直深受学生的喜欢。

4.使用方便的原则

选用网络课程资源的一般教师和学生并不要求成为网络技术行家，他们只要求易于操作，利用网络教学软件查找所需内容，因此，要选择最佳的课程学习导航技术来设计导航路线，并且在登录各种功能模块时采用相同的用户名和密码，为使用者提供方便。

5.互补性原则

互补性原则是指学习资源的设计者在设计资源时，要充分考虑各种资源的特征，做到资源优势互补，与课堂教学互补。各种资源不能一味地追求大而全，尽量不要出现各种资源竞风流的局面，避免造成资源浪费。由于平时训练时间较少，听力材料涉及的内容广泛，题材难度较大，学生缺乏相关的背景知识，高中英语听力对部分学生来说显得比较困难，学生容易失去兴趣，因此要求听力材料的建设分为高、中、低几种档次，以适合高中生中不同档次的学生的需要。

6.交互性原则

以学生为中心开展教学活动是开放教育的一大特征。学生在进行自主学习时，不应机械、被动地使用教育机构提供的各种资源，而应灵活应用、以促进知识的迁移。有效利用显性交互资源与技术，充分挖掘隐性交互资源与技术，是建设学习资源的主旨。交流是所有学生的共同愿望，因此，在资源设计时，还应尽可能地挖掘各种资源的交互潜能，以创设情境、调动情感，让学生掌握学习进程，及时了解学习效果。

7.时效性原则

随着科技的快速发展，知识的更新速度非常快，随时会有"老教材解不了新问题"的情况发生。面对这种情况，在进行资源设计时，要注意将更新速度快的知识点发布在容易修改的资源中，以便随时补充、及时更新。

8.经济性原则

网络教育的优势是让学生以尽可能低的费用获得优质高效的教学服务，这就决定了系统的建设必须遵循经济性原则。也就是说系统建设成本要低、功能要强、性能价格比要高。

（四）英语网络教育资源建设方法

1.依据课程标准建设

资源建设应紧密结合教学改革的最新精神，以课程改革理念为引导，重点建设开发一批围绕新课程标准的教学资源，如新教材的配套网络学习课程、利于学生发展的研究性学习资源、主题网站资源等，尽快满足课改的要求。

2.自建与购买并重

一是积极引进、购进成熟的课程资源、电子图书馆、影视资源、互动学习资源等优秀教育资源，并进行加工改造，实现资源共享；二是自主开发，建立行之有效的管理机制，建立一支高素质的资源建设队伍，有针对性地征集、开发出适合教与学的网络资源。

3.全员参与，共建共享

每一所学校都是教学资源的建设者和使用者。学校要做好资源建设基础性工作，在保证思想性、科学性、教育性、适用性和安全性的基础上，将现有教学资源按学习主题（模块）进行挖掘提炼和重新组合，实现经验、智慧的共享。加强区域性资源开放与共享。各单位要树立全局观念，打破学校共享壁垒和区县共享壁垒，实现全市优质资源共享。加强教师间的资源开放与共享，在尊重教师劳动成果和版权的前提下，鼓励教师共享自己的案例、课件和教研成果。

4.骨干带头，活动推动

各学校可以依托市、区县信息中心，通过各种竞赛评选活动征集有自主知识版权的优质资源，如新课程优质录像课、教学设计、论文、学生电脑作品、主题教学案例等优秀成果，推广介绍，实现共享。

5.科研拉动，任务驱动

各学校要积极开展新课程资源建设与应用课题研究，借助科研力量、专家智慧、先进经验，结合教育前沿理论发展，指导学校开展本课题行动研究，带动资源建设走向，提高资源应用效益。采取科研立项的方式，依托项目学校、责任教师的力量，既分工又合作，进行模块化、系列化建设工作，以任务为导向，将终结性评价变为过程性评价，跟踪管理资源的开发过程，最后进行评估、试用、推广。

第三节　信息技术与高中英语教学深度融合的路径

一、借助现代信息技术来呈现听读时学生需要思考的问题

听说读写是英语教学中的四大环节，也是英语学习后所要达到的目标。专家认为这四个方面要从课堂上慢慢渗透，每个教学目标都不是很快就能学会的。听是一切英语学习的根源，听与说是相互促进的，而不读肯定写不出好的文章。听说读写也需要看授课的内容、对象以及时间，当然也会有侧重点，在不同的阶段也是不同的，比如小学阶段，就会侧重听说读，而升入初中的学生渐渐读得少了、写得多了，也许就是学生们眼中的困难，因为写就是能反映出学生到底记没记、记了多少知识，不论到了哪个环节，这四个方面的要求都不能少。

利用多媒体进行"听读"促"说写"的高中英语讨论式教学模式是高中英语教师多年来一直研究与探讨的一个重要课题，它以新大纲和新课程标准为理论依据，参照"任务型教学"模式，以大量的"听读（信息输入）"来促进"说写（信息输出）"能力的提高，通过课外预习、课内讨论等形式为口语和书面语的准确流利和多样化的输出储存"能量"和积累"素材"奠定了基础。

一切理解的活动都是由感性上升到理性，再由理性回到感性的循环思维过程。在以声载义为特征的语言信息输入中，感官上被动接受的语音刺激只有通过思维的主动参与并对信息进行加工时，才构成听力理解。因此，听力理解绝对不是一项被动的活动，而是一个极其复杂的主动过程。按照技能目标的要求，提高听力教学的质量必须基于如下几方面的认识：第一，听是一个动态过程，是积极主动的活动。听说互为依托、互为前提。第二，听力与语言功能之间具有密切的关系，听者必须学会如何识别语言的不同功能（交际、达意和成文功能），理解其中的

信息，并作出恰当的反映。要做到这一点，学生需要指导和训练；需要有意识的训练机会。第三，根据听力理论，当学习者水平较高时（如高中阶段），他们逐渐能把刚收到的语言材料重新构成一个较大的语言单位进行整体理解。即，听的活动实际上是解码和重新构建语言框架的过程。教师应提供多种材料、不同文本和方式灵活的听力训练。

罗杰斯的学生中心论认为，实现教学的关键手段是师生的态度，其中学生应敢于去涉猎未知的、不确定的领域以及具有自己作出抉择的勇气，而对教师有如下五项要求：①为学生创设一种融洽的积极向上的环境。②建立相互了解、信任的师生关系。③提供多种适合学生的学习材料。④帮助学生深入思考和学会运用，而不只是照本宣科。⑤促使学生在课堂上真实地表达自己的感受、创造和情感。听的输入模式以学生为中心并作为活动的主体，从导听—试听—复听—提升—更高层次的导听……是一个循环螺旋式上升模式，其中从导听到复听是输入过程，复听到提升再到更高层次导听是输出过程。导听即教师帮助学生将要听的内容的相关信息（含生难词语等）链接与化简，引导学生进入听的预备状态。

试听与复听是微调信息（fluently-tuned input）与粗调信息（roughly-tuned input）的输入过程，微调信息即先对准学生水平，按部就班输入信息，保证信息有序和联接；粗调信息是提供略高于学生水平的信息训练，目的在于扩大输入信息量，推动学得与习得的结合，为下一步语言输出提升与信息重构奠定殷实的基础。

提升阶段则为输出的呈现阶段，体现为口头输出与书面输出两种形式。在整个听的过程中，教师始终处于活动外围，起到监控、鼓励、帮助、评价、启发的角色作用，是学生的引路人、导航者、活动策划者与组织者，而学生则为整个活动的主体实施者。这正是新课程标准要求的：努力实现学生主动参与、感知体验、探究发现、交流合作的学习变革。这种模式让学生在学习中充分发挥自己的潜能，优化英语学习方式，增强信心，提高自主学习的能力。

二、借助现代信息技术来为学生提供合适的阅读材料

在英语学习中，阅读是获得信息的重要方式，是英语学习者的一项重要技能。在当今的英语考试中有许多的阅读练习题，但是基本上都必须在规定的时间内完成。遇到生词困扰，许多学生都采用了"猜"单词的意思，但是提高读的方法，可以通过一些单词或短语的暗示。浏览也是提高阅读速度的一个重要方法。一些阅读文章学生刚拿到就开始阅读，甚至不知道文章的标题与全文的意思。英语读的方法就是首先阅读所给的问题，然后带着问题读文章。在阅读的过程中，不能一个单词连着一个单词地读，而应该学会删除某些句子。有时甚至是和问题无关的某个段落，这样做的一个好处是节省时间。

如今以计算机为核心的现代教育技术在教学领域广泛运用，信息技术的运用也为英语学科建设带来了良好的发展机遇。在很大程度上，信息技术的运用能丰富教学手段，优化教学结构，有效提高教学效率。英语阅读教学的特点之一是要使学生尽可能多地接触和学习英语，亲身体验语言的运用。阅读是英语教学的核心内容之一，如何有效地提高学生的阅读能力是英语教学的关键所在。合理利用以现代信息技术为载体的英语教学资源，能全面提高教学效率，实现英语阅读教学的全新跨越和提升。

信息技术教学模式利用网络教育资源，丰富教学内容，激发学生的求知欲。而网络教育资源的运用可以充分调动学生的学习积极性，为学生提供真实的语言学习环境，激发学生的求知欲。阅读是英语教学的重要组成部分，提高阅读能力是英语教学的重要目标。在课堂教学中，教师应充分利用现代信息技术，收集、整合网络英语资源，创设良好的语言环境，激发学生的学习情感，营造浓厚的学习氛围。网络教学集文字、图像、动画于一身，寓知识学习、朗读训练于生动活泼的教学形式

之中，灵活便捷的交互手段能促进学生加强英语课外阅读量，促进学生主体性、创造性的发展。

教师合理利用信息技术，特别是多媒体教学，它不受时间、空间的限制，知识信息来源丰富、内容充实、形象生动，具有声色兼备、静动结合、图文并茂等诸多优点，把抽象变具体，把隐形化显形，变静态为动态，化枯燥为生动，使得传统教法中抽象的书本知识转化为学生易于接受的多元组合形式，有效解决了教师语言难以讲清、讲透的重点和难点。教师适时地插入声像、视频等，可以刺激学生创设新的兴奋点，激发思维想象力，从而更直接有效地营造一种学生主动参与的英语课堂教学氛围，极大地提高学生英语学习的兴趣，实现教学过程与教学效果的最优化。

教师可以巧设任务，调动学生的学习兴趣，在信息技术课教学过程中，任务是课堂教学的"导火索"，是问题提出的表现。通过创设的问题情境，把所要学习的内容巧妙地隐含在一个个任务主题中，使学生通过完成任务达到掌握所学知识的目的。因此，在信息技术课的任务设计中，要充分发挥多媒体计算机具有综合处理图形、图像、动画、视频以及声音、文字和语言、符号等多种信息的功能，从声音、色彩、形象、情节、过程等方面设计出具有某种情境的学习任务，使学生在这种情境中探索实践，激发联想、判断，从而加深对问题的理解。

基于计算机和课堂的多手段、系列化的英语教学模式，将改变以教师为中心的传统教学方式，大大提高学生的英语阅读兴趣，为师生创造多方位、多层次、积极有效的交流途径，建立以学生为中心，以培养学生语言应用能力和自主学习能力的多元化、立体化、个性化的英语学习环境和氛围。学生可以在课件范围内自主选择学习内容、学习顺序，自行控制学习速度，自行选择阅读策略，自由就相关话题展开想象，选择交流对象，参与在线讨论。

新的教学模式将会明显提高学生的阅读兴趣，充分调动学习、运用英语的积极性，使内在的学习潜力得以挖掘，自主学习能力得以锻炼，使英语朝着不受时间、地点限制的主动式和个性化学习的方向发展，真正实现学用结合、学以致用的英语教学。多媒体课件通过声、色、形、影的不断变化让学生更多地进行思考，教师可通过现代教育技术，充分利用网络资源，下载音频和图像，给学生的英语阅读提供丰富多彩的语言材料，创设真实的语言情境，进行角色扮演，设计各种形式的问题，引导学生进行回答，增加教学内容的形象性、生动性、直观性和趣味性，提高学生的阅读能力。

三、制作视频导学案，培养预习的习惯

预习是学生提前、事先学习即将讲授的功课的学习活动，也是一种良好的学习习惯。许多教师认为只有提前预习，课堂上的听课和练习才会更有针对性，才能加深对教学内容的印象和理解。可以说，培养学生预习能力和习惯是非常有益的，也是极其必要的。学生预习能力、习惯的培养离不开教师的指导。在信息技术普遍应用前，教师只能让学生利用教材、练习册去预习，预习的方法非常简单，效果也不容乐观。信息技术的应用为教师制作预习导学案，为学生进行个性化的学习提供了条件。在高中英语教学中，教师可以在明确的预习目标指引下制作导学案，并辅以方法指导，培养学生自学的能力和预习的习惯，为学生后续学习打下坚实的基础。例如，在译林版高中《英语》选择性必修一 Unit 1 Food matters 的阅读教学中，教师结合教学内容，制订具有导读、导学、导练作用的导学案，借助导学案让学生明白本课的教学目标、重难点，并安排一些预习任务，让他们在预习中完成读写训练。

本课的教学目标：

（1）Describe the four typical dishes mentioned in the video;

（2）Explain which of the dishes in the video they would like to try most;

（3）Introduce a typical traditional Chinese food。

本课的教学重难点：

（1）To predict what the unit will talk about。

（2）To introduce a typical traditional Chinese food they have eaten。

教师可以在导学案中明确指出这两个重难点。然后让学生阅读课文，进行课前训练，如就本单元的主题语境、话题、涉及的语篇类型等进行填空训练，并在填空题下面补充相关知识点，让他们明白单元主旨和学习要点（认识饮食文化在跨文化交际中的重要性，通过饮食了解不同地域或国家的文化）。在此基础上，让学生进行英译汉训练、听力训练，并记录不懂的地方，然后在课堂上将问题提出来。为了确保学生能读懂课文，教师可以在导学案中加入学法指导，如先粗读，再结合问题精读，抓重点。这样将信息技术与课前导学结合起来，让学生进行课前预习，可以促进其能力拓展，也可以减轻教师负担，有助于智慧课堂构建。

四、激趣导入，激发学生的学习兴趣和积极性

高中英语知识点众多，教学的知识性较强，如何借助科学方法，使枯燥、抽象的内容变得生动、形象，加深学生对教学内容的认识和理解，是英语教学高度关注的一个话题。信息技术具有多样化、直观性等特点。借助信息技术可以将英语教学内容以更加生动有趣的形式呈现出来，使课堂妙趣横生、学生兴致盎然。因此，在高中英语教学中，教师可以借助信息技术变抽象的英语知识形象化，使枯燥的内容趣味化，帮助学生化解疑难，构建趣味课堂。导入是课堂教学的开端，也是整个教学中最重要的一环。好的导入是成功的一半。在导入环节，借助信息化手段导入，以调动学生的积极性，让他们的感知能力、兴趣和英语素养同步发展。

例如，译林版高中《英语》选择性必修（一）Unit 3 The art of painting主要介绍了古今中外的绘画艺术。中外绘画艺术各有特色，中国绘画尤其是国画更是历史悠久，许多网站上都有关于绘画的素材，许多素材

经过转化、加工可以成为教学资源。因此，在备课时，教师利用信息技术了解更多与绘画有关的知识、文化内容，并将一些可用的素材经过筛选、加工，制作成微课、视频，以备课堂教学使用。在导入环节，教师播放视频，以视频的形式导入，以吸引学生的注意，让他们对本课主题有所了解。教师借助梵·高、达·芬奇和莫奈的数字名画，以及故宫博物院发布的新款名画数字产品，借助数字技术带领学生进入艺术大师所创造的艺术世界，以激发学生兴趣，帮助他们实现学习目标。

五、增加课堂信息量，开阔学生的视野

丰富的教学内容是教学的基本条件。高中生正处于求知欲旺盛的青春期。在高中英语教学中，教师要给学生创造求知、创新的空间，开阔他们的视野，让他们由此及彼、举一反三，养成迁移能力。信息技术可以将图片、文字、声音、动画等资源有机融合，以借助信息技术丰富教学内容，增加课堂的信息容量，让学生的视野更开阔，有更多的收获。

例如，在译林版高中《英语》选择性必修（一）Unit 4 Exploring poetry 的教学中，阅读部分的诗歌不仅难度大，而且情绪不够积极、乐观。因为许多高中生对英语诗歌一无所知，所以在学习中很容易产生畏难情绪。为了激发学生的兴趣，在导入环节，教师选取几首知名且简短的英语诗歌如罗素·格林（Russell Green）的《默想》（*Meditation*）、萨拉·梯斯代尔的《忘掉它》（*Let's forget it*），让学生先朗读这些英文诗歌，并在阅读时把握诗歌的内在节奏，读出诗歌的感情。然后，让学生欣赏诗歌，感受英文诗歌的韵律美、节奏美，发现诗歌的特点，促进其对诗歌的理解。这样可以让学生为欣赏教材中的诗歌作铺垫，消除其畏难情绪。在学习过教材内容后，教师结合中西方文人的诗论，总结诗歌的创作特点，尤其是英文诗歌押韵的特点，让学生增加知识积累。接下来，引导学生进行英汉诗歌翻译训练，或者引导他们仿照名家译作、诗篇学写小诗，尝试运用英语抒发、表达自己的观点。比如，曾有西方学者将李白的《静夜思》（*A Tranquil Night*）翻译成：Before my bed a pool of night;Can it be hoarfrost on the ground? Looking up,I find the moon night;Bow-ing,in homesickness I'm drowned.这样虽然译出了其意，但是没有译出其境。我国学者曾翻译过莎士比亚的《你说你喜欢雨》（*You say that you love rain*），并译出了多个版本，有诗经版、文艺版，还有离骚版、七律版，由此可见中国文字的灵活性。教师可以给出两首相对简单的英文诗歌，让学生根据自己的知识、经验翻译诗歌。这样可以让学生的视野更开阔，让他们掌握诗歌要点。

六、创设教学情境，促进学生感知学习的乐趣

教学情境是一种隐性教学资源。教师可以根据学生的身心特点，创设教学情境，在具体的生活情境中，让他们产生情感反应，激发其积极性、主动性，促进其建构知识链。信息技术集多种形式的资源于一体，它在情境创设方面有着其他手段无法比拟的优势。因此，在高中英语教学中，教师可以借助信息技术创设教学情境，促使学生的理性认知与感性情感相统一，让他们感知学习的乐趣、知识的价值、英语的特点。

例如，在讲授译林版高中《英语》选择性必修二 Unit 2 Sports culture 时，为了让学生感受体育文化的魅力，教师以"体育文化知多少"为主题，提出以下几个问题："What's your favorite sport? Why? Do you exercise regularly? How often do you take part in sports? What do you know about sports culture?What kind of sports culture has the greatest impact on you?"以问题激活学生的思维。然后，教师利用多媒体播放国际足联世界杯、NBA、CBA赛事期间人们围坐在电视机前为自己喜爱的球队、运动员加油，奥运冠军载誉归来，群众涌上街头热情迎接的视频片段，或者在中国的街头巷尾，男女老幼围观街头乒乓球比赛的图片，利用信息技术将学生带入丰富多彩的体育世界，为他们了解、学习更多与体育文化有关的内容，讨论与之有关的话题作铺垫。

第三章　信息技术与高中英语口语教学深度融合的应用研究

第一节　信息技术背景下的英语口语教学概述

一、高中英语口语教学概述

（一）高中口语课堂教学的内容

高中口语课堂教学是以培养高中生的口头交际能力为目标的课堂教学，其教学内容包含了语音训练、词汇和语法、会话技巧等，下面笔者就教学内容进行阐述。

1.语音训练

高中口语课堂教学的内容首先应是正确的语音和语调，包括音节、重读、弱读、连读、意群、停顿等，因为错误的发音或不同的语调会造成理解困难，甚至使听者无法理解。

2.词汇和语法

一个句子要想表述准确，必须用合适的词汇和正确的语法，如果缺乏必要的词汇，说话者常常难以准确地表达自己的思想；如果缺乏必备的语法知识，则说话者容易语无伦次，因此说的教学应包含词汇和语法教学。

3.会话技巧

语言学习的目的就是交际,在语言交际过程中如何达到有效,那就少不了一些技巧的运用,常见的会话技巧有以下几种。

(1)请求

A : Are you going out tomorrow?

B: No, not really.

A : Are you using your bike then?

B:No.You want to borrow it?

A :Yes, if you're not using it.

(2)邀请

A : What are you doing tonight?

B:Nothing important.Why?

A :Come to my place for dinner , then.

(3)宣布

A : Did you listen to the news last night?

B:No, anything important ?

A :Well,an earthquake was reported in····.

(4)解释

解释是指当听者不能明白自己的意思时,或说话者找不到相对应的表达方式时,转换说话方式,运用同义词或其他解释性语言,进行补充说明。

(5)回避

回避是指当说话者遇到有表达困难的话语时,选择自己熟悉的表述方式。回避自己生疏的词汇和表达方式,以保证口语交流的顺利进行。

(6)转码

转码是指当说话者遇到无法解释的话语又不能回避时,适当转用其他语言,比如自己的母语。

（7）析疑

当听者未能听清楚对方的意思时，听者可采用多种方式询问对方的含义，使会话得以继续进行。析疑技巧是防止会话中断的必要手段，如当不能明白个别单词短语的意思时，可问：

"What does…mean?""Could you tell me what…mean?"

如果有部分内容不能明白，比如没有听清楚怎么走，可问："Do you mean I should turn left?""Sorry，how far should I walk?"

析疑技巧是要求对方解释已经说过的话，也可以用升调重复对方说过的话。

（二）高中口语课堂教学的目标

口语目标分为三个层次，即一般要求、较高要求，更高要求。一般要求：能在学习过程中用英语交流，并能就某一主题进行讨论，能就日常话题用英语进行交谈，能经准备后就所熟悉的话题作简短发言，表达比较清楚，语音、语调基本正确；能在交谈中使用基本的会话策略。较高要求：能用英语就一般性话题进行比较流利的会话，能基本表达个人意见、情感、观点等，能基本陈述事实、理由和描述事件，表达清楚，语音、语调基本正确。更高要求：能较为流利、准确地就一般或专业性话题进行对话或讨论，能用简练的语言概括篇幅较长、有一定语言难度的文本或讲话，能在国际会议和专业交流中宣读论文并参加讨论。

高中英语新课程标准对高中口语课堂教学的目标规定得很清晰，比如，知识能力目标：学生能够理解和基本使用英语单词和常用短语，包括学习常见的前后缀，掌握单词的基本用法，扩大词汇量，并能够基本处理常见的句型。语言能力目标：学生能够听懂日常交际的简单用语并参与讨论，能完成日常生活和学习的基本任务，适当运用已经学过的语言知识。从所规定的学习目标，不难看出，随着学习的深入，目标的难度和深度也在不断加大，这不仅需要高中生自身的努力，更离不开教师的引导。因而，高中教师应该不断改进教学模式，同时还要提高自身的教学素质。

（三）影响高中口语课堂教学的因素

在高中口语课堂教学过程中,教师可以根据不同的教学原则,采用不同的教学模式来达到有效高中口语课堂教学的目的。然而,影响高中口语课堂教学效果的因素有很多。

1.教师自身的素质

高中口语课堂教学对教师自身的素质要求很高,尤其是发音,因为准确的发音是语言交际的基础。如果教师的发音不准确,那么高中生也不可能学到正确的英语发音。另外,教师在提高发音的同时,还要增大自己的词汇量,在具体的教学中,才可以进行相应的拓展和延伸,以此增大高中生的词汇量。

2.准确与流利的平衡

教师在高中口语课堂教学中要灌输高中生注重准确性与流利性的平衡意识,因为准确与流利是交际语言教学的重要目标,偏废任何一方,都不能说是完成了高中口语课堂教学的目标。教师在口语课堂上可以经常播放纯正的英语录音,并进行引导,使高中生认识到只有准确、流利地表达,才是真正学好了口语。

3.课堂气氛的营造

课堂氛围在很大程度上影响高中生用外语进行表达的积极性。教师要鼓励学生敢于表达、不怕犯错,并在改正错误的过程中得到提高。这种轻松自由的课堂气氛有助于学生的参与,使其能畅所欲言。

4.教学观念的影响

传统的英语教学还是习惯把重点放在讲解语法上,仍然采用阅读、背诵、默写的方式,教师担心口语方面花的时间多了,可能会影响笔试成绩。于是,有些教师就把教材中安排的大量口语活动置之不理,结果造成"结巴"英语现象。这种现象不利于英语人才的培养,不利于英语教学,不利于高中生今后的发展。

5.过度的纠错

在高中口语课堂教学过程中,教师应视高中生具体语言错误的严重性而决定是否纠错。在不影响意思表达的情况下可以稍后纠错,因为教师的干预会中断高中生的思维。过多的纠错有伤学生的自尊,学生学说英语应以意思表达为主,兼顾语言形式的正确性。

(四)高中英语口语教学的原则

1.以学生为中心原则

高中口语课堂教学事实上是由教师的教和高中生的学共同完成的,教师是教学活动中的计划者和组织者,是教学过程中的示范者、引导者,学生才是课堂活动的中心。口语教师相当于导演的角色,学生才是演员,因而要让学生从开始到结束都积极主动地参与其中。比如,在分配任务时,不是让学生被动地等待教师的指派,而是教师为学生创设情境,通过一系列多样化的有趣活动来充分调动学生的积极性和主动性,让学生以自荐、推荐、抽签等方法将任务"抢到手"。

2.创造轻松和谐的课堂氛围原则

要保证学生能够在现有水平的基础上顺利地表达自己的思想,首先需要教师消除学生的不良情绪,如紧张、恐惧、焦虑等。大多数高中生都有使用英语表达思想的内在动机,但是很多学生又不愿意参与到能够提高他们口语能力的活动中去,其主要原因有:①对于大多数学生来说,刚开始讲英语经常会感到不自在。②多数学生都不愿意在同伴面前出错,当众出丑,害怕失败和被他人嘲笑。因此,在英语教学中教师要为学生创造一种轻松和谐的课堂气氛,鼓励他们大胆地说并且要多说,使高中生在说的过程中有安全感和成就感。

3.强调流利,注意准确原则

准确与流利在外语教学中的争议由来已久。从外语教学方法流派的演变历史来看,总的趋势是从强调准确向强调流利发展。20世纪70年代以前的教学法流派,包括语法翻译法、听说法等,强调语言的准确性,这之后的教学法流派,如交际法、全身反应法、任务法等,开始对流利性有所关注。产生这一趋势的根本原因在于,由于现代社会的交通工具空前发达、便利,经济以及社会文化等的全球化趋势,社会对外语口语人才的需求急剧增加,从而导致外语教学的重心从书面语向口头语发生了不同程度的转移。通常来讲,书面语对准确的依赖性更大,而对流利的依赖性却很小。就目前我国英语教学的现状来看,高中英语口语课堂教学首先要强调流利,同时注意准确;而在书面语教学中,高中英语教师首先应该强调准确,同时注意流利;就我国英语教学总体而言,则应该强调准确和流利的平衡发展。

4.先听后说原则

听是说的基础,在交际活动中听与说是相辅相成的两个方面。学生通过听获得知识信息,接触到大量的英语词汇,进而激发表达思想的强烈愿望。当积累了大量的语言储备时,才会有真正意义上的口语会话,这也是大量听的必然结果。可见,在听懂的基础上进行模仿,既能够加快反应,又能够提高说的能力。教师要遵循这一原则,可以在组织学生复述故事之前让他们对情节有一定的了解,然后再抓住故事的大意,记细节,让学生相互提问、交换意见,最后达到复述故事的目标。

5.多使用英语原则

要提高学生的口语能力,需要进行大量的口语实践。因此,高中英语教师在教学中要想方设法、尽可能多地为学生提供说英语的机会。要想做到这一点,教师首先要给学生作出榜样,在课上课下多说英语。另外,教师的设计一定要适合学生语言水平,尽量将学生喜闻乐见的内容渗透到活动中,给他们提供口语练习的机会。

当然,为了给学生尽可能多的练习机会,教师一定要注意集体练习与个别练习的结合。集体练习有全班练习、分行练习、分排练习、男生练习、女生练习等形式。集体练习的优点是可以增加练习的人次,胆小、害羞的学生也能够积极参加练习。其不足之处在于,在集体练习中有的学生往往会随声附和、不动脑筋,而且在声音上要互相照顾,需要说得整齐划一,因此语调有时会不够自然。另外,在集体练习中,教师不容易发现学生讲英语时出现的问题。个别练习包括按座次快速进行;由学生举手,教师选定;直接由教师指定进行。个别练习可以有效地避免上述缺点,但是在个别练习中,学生练习的机会较少,参与的人次少,不能做到大量的练习;而且,个别练习很容易造成教师与个别学生之间的互动,其他的学生则容易处于消极的、漠不关心的状态,从而大大降低练习的效果。因此,在口语训练中要注意发挥集体活动和个别活动之间的长处,两者有机结合,以集体练习增加练习的人次,以个别练习检查促进集体学习的效果。在个别练习中,对于同一个问题教师可以问多个学生,而且可以对提问过的学生进行第二遍提问,使每个学生都觉得随时有被问到的可能。这样教师在提问个别学生时,其他学生都会抓紧时间准备自己的答案,避免了课堂上的松懈走神。

6.循序渐进原则

任何知识的学习都要经历一个过程。英语口语也是一样,它的训练也需要一个过程,这一过程需要由浅入深、由易到难、由机械模仿到自由运用,循序渐进地展开。例如,进行发音练习时,教师要时刻关注学生的发音困难及来自不同地区学生的语音差异,及时引导学生,鼓励学生勇敢地说英语,并对语音、语调和语法的正确性有一定的要求,然后逐步增加难度。需要注意的是,目标的设定一定要适当,太高不好,太低了也不好。目标太高很容易使学生产生抵触心理,从而失去学习的兴趣;而目标太低也会使学生达不到训练的效果。

7.科学纠错原则

语言学习的过程中出现错误是不可避免的,在口语学习中更是如此。教师的任务是为学生提供连续、完整的交流空间,热情鼓励学生树立信心,大胆去实践,不怕犯错误,达到口语练习的最大实践量。口语教师的职责在于培养学生对语言的敏感性以及对自己、他人说话中的语言错误的识别能力。在口语练习中,高中生不可避免地会出现各种各样的错误,一般是在学生发言之后,教师给予及时纠正,要讲究策略,教师要对不同的学生犯的不同的错误区别对待,根据不同场合及不同性质的错误分别进行处理。在操练语言的场合可多纠错,但在运用语言交际时则要少纠错;对学得较好、自信心较强的学生当众纠错会给其心理上的满足和激励,然而对于学习困难较大、自信心较弱的学生,要尽量避免当众纠错,防止加重其自卑感。纠错是一个很敏感的话题,处理是否得当直接影响到教学效果和学生的学习积极性,既不提倡对错误一定不要放过,有错必纠,也不提倡采取宽容的态度,认为错误是完全自然的现象,不予纠正。因此,在高中口语课堂教学中,纠正的最佳方法是先表扬后纠正,并注意保护学生的自信心,并给他们自我纠正的机会。

8.内外兼顾原则

所谓内外兼顾是指既要注重课堂,又要兼顾课外。课外活动是课堂教学的继续和延伸,与课堂教学息息相关,因而教师不仅要注重课堂教学,还应该注重课外活动。课外活动是课堂教学的补充,是让学生复习、巩固与提高所学的知识的,教师应为学生提供各种语言环境,创造用英语进行交际的条件,指导学生在不同场合运用所学语言材料进行正确、恰当、流利的口语操练。比如组织英语角、竞赛,或者根据自由组合原则编出课外活动小组、安排小组活动等。另外,在课外作业上,教师可以将学生组成学习小组,培养学生说英语的兴趣,利用一切可能的机会巩固和提高学生的口语能力。

9.小组互动原则

语言使用能力是在互动中发展起来的,离开互动则学不会说话,儿童是这样,成人也是如此,互动中潜藏着语言习得的机理。小组、对子活动可以为高中生提供更多独立说话的机会和时间,使他们克服开口说话的焦虑感。通过双人小组或多人小组活动可以提高学生的动机,还能提升他们选择的能力,培养他们的独立性。

创造性以及现实感。另外,通过小组活动,学生能够获得来自同伴的反馈。组织小组活动要注意下列问题:①将任务布置清楚,通过各种形式让学生清楚任务要求。②限定完成任务的时间。③给出明确指导,告诉学生活动结束后预期的结果。

二、高中英语口语教学的现状

学习语言的最终目的是交流。英语也是如此。高中英语新课程标准要求学生能用较为得体的语言真实地进行口语交际,着重提高学生在真实情境下自由运用英语进行交际的能力。然而,我国的中学英语口语教学却出现了很多不尽如人意的情况。

首先,就学生方面而言,缺乏真实的语言环境。中学生接触英语实际应用的机会是很少的。除了每周必要的几节英语课外,几乎就没有多少锻炼英语口语的机会了,课堂上学到的东西很难在课后得到巩固。学生平时听英语的机会也很少,除了课堂上的听力外,课后几乎很少听原版的英语,这在很大程度上影响了学生口语方面语音、语调能力的形成。口语教学在平时的教学实践中经常会出现学与用脱节的现象。即使是考试成绩不错的学生,教师在平时的教学中也经常会发现这样一个情况:他们的笔试成绩很好,思维也很敏捷,但当他们进行简单的口语交流时却总是支支吾吾。久而久之,学生对于说英语这件事,多多少少就产生了点心理障碍,唯恐说不好怕人笑话,然而越是不说口语也就越差,以至于造成恶性循环。

其次,教师对英语口语教学的重视程度不够。高中英语新课程标准的提出让一线教师既感觉到了机遇,又感受到了巨大的挑战和压力,其中就包括教材的教学压力。现行的高中英语教材容量较大、生词很多,尽管如此,教师的教学课时却是一定的,这就导致教师的教学任务繁重、时间紧迫。在这种情况下,教师就会在不知不觉中压缩学生练习说的时间。在实际教学中,很多教师只利用早读时间或晚读时间让学生读读单词、背背课文,在课堂上却很少留出专门的时间让学生练习语音、语调的发音技巧或口语表达。另外,很多英语教师普遍认为,中学英语教学应侧重语法、阅读和写作教学。这样一来,就很少有教师会帮助学生弥补语音、语调方面的不足。所以说,在实际教学实践中,大部分教师没有真正从高中英语新课程标准的要求和学生的能力实际出发,努力去为学生创设练习口语的机会和情境,甚至有时为了追赶教学进度,在课堂上直接省去学生练习口语表达的环节,致使口语教学多流于形式。

最后,教学评价方式单一。教学评价是英语课程的有机组成部分,也是实现课程目标的重要保障。开展评价活动主要有四个目的:一是让学生在英语课程学习过程中不断体验进步与成功,认识自我,建立自信;二是促进学生综合语言能力的发展,促进学生综合素质的全面提高;三是让教师及时获取教学的反馈信息,促使教师对自己的教学行为适时地进行反思和调整,不断提高教育教学水平;四是使学校要基于新课程标准的要求改进教学管理,促进英语课程的不断发展和完善。当然,教学评价的主要目的是注重学生的发展,让学生体验进步与成功的喜悦,让学生有机会展示自己综合运用英语的能力。显然,要达到上述四个目的,教师就必须采用多元的评价方式。目前的考试机制使升学率成为社会、家长、学校对学生评价的唯一方式。虽然每年的毕业生都要参加口语测试,但是由于多种原因,口语测试对于相当一部分学生来说仅仅成了一种形式。比如,高校很多专业对于英语口语等级没有要求,这就使得报考这些专业的考生根本不注意口语的表达与提升,更不用提平时的练习了。在这种口语测试模式下,教师和学生都不想在口语上浪费时间和精力,致使许多学生的英语笔试成绩很高却说不出几句像样的英语。这种只停留在分数层面的教学评价方式,严重阻碍了教师培养学生口语能力的积极性,影响了口语教学的实际效果。综合上述口语教学的现状,笔者认为优质的口语教学课应该具备以下五点。

其一,能帮助学生消除心理障碍,提高参与的积极性。任何有效的教学活动都必须是学生的积极活动。积极活动不能在心理压抑的状态下进行。因此,口语交流的过程既是克服害羞、怕错、不自信的过程,也是克服越不敢说就越不会说这种恶性循环的过程。在课堂上,教师可以采取播放一段情景对话让学生进行模拟,播放一条新闻让学生进行简单的复述,或播放一段影视情节让学生进行模拟等方式来锻炼学生的口语交流能力。也可以在课后安排一堂自习课,让学生自由地用英语进行口语交谈,不要有任何思想负担地进行口语交流。

其二,要提高学生的交际欲望,激发他们的学习动机。人的活动是由一定的动机所引起的,学生进行学习也是被一定的学习动机支配的。口语交际是一个听与说双向互动的过程。兴趣是学习的动力,它会使非常枯燥的课程变得活泼有趣,并且能使学生在学习时感到轻松愉快、充满乐趣。教师可以播放一段英语视频,然后让学生根据观察到的内容,对视频中人物的年龄、职业、经济状况、兴趣爱好、相互关系等作出推断,并用英语表达出来。

其三,教师要重视语音和语调的教学。好的发音是学习和掌握语言的开始与关键。学生在小学就学习了音标,但对音标的掌握情况却参差不齐。教师平时可多搜集一些发音标准的听力或视频材料让学生进行视听模仿,并结合单词教学进行音标复习与巩固训练。这样,不仅可以使学生顺利、准确地读好单词、记忆单词,培养学生的语感能力,还可以提高学生的听说能力。教师可以在晚读或利用自习课为学生安排定量的英语视听时间,让他们进行模仿性语音训练。经过循序渐进的努力,学生的语音、语调会得到极大的改善,英语口语表达能力也会有较大的提高。

其四,适时纠正错误。在口语教学中,教师的首要任务是帮助、鼓励学生开展各项口语交际活动。在学生进行口语表达练习时,教师应鼓励他们尽可能多地、自由地表达自己的思想,并在他们用英语口语表达自己的思想之后及时为他们指出错误,鼓励他们敢于面对自己所犯的语言错误,并纠正错误。

其五,改进评价方式。学生的学习需要有动机,动机的形成有利于促进兴趣的提高,而有兴趣又可以鼓励学生进行持续的努力学习,努力学习才会有进步。适时、合理的评价能使学生明确自己成功和失败的原因。成功的喜悦能进一步激发其学习的积极性;失败的原因则可以使他们改正不良的学习习惯。教师在评价学生的口语表达能力时,不能以错误的多少为尺度,而要看学生口语表达的表现(包括语音、语调、语法及表达的内容)。表达的内容丰富与否是衡量交际能力的一个重要标志。只有改变评价的方式,采用多元化的评价方式,才能注重学生的发展,让学生体验进步与成功的喜悦,让学生有机会展示自己综合运用英语的能力,才能有效实现高中英语新课程标准的教学目标,才能真正调动教师与学生参与口语教与学的积极性,使他们重视英语口语表达能力的培养与形成。

三、对英语口语教学模式的研究

外语教学是随着社会发展而发展的,每一种教学法的产生都有其独特的社会历史背景,都对当时和后来的外语教学产生过一定的影响。用历史辩证法的观点来看,不存在哪个方法好哪个方法不好的问题,这也就是所谓的"教学有法,但无定法"。当然,这些教学模式下的外语教学法对英语口语的教学也有着重大的意义。

(一)直接法模式下的英语口语教学

19世纪下半期,外语教学改革的蓬勃发展为直接法的产生起了巨大的推动作用。直到20世纪初期,直接法对我国外语教学实践也产生了较大的影响。直接法的基本原理是"幼儿学语"论,即利用幼儿学习母语的自然方法和过程来构建外语基本教学和教学过程的方法。基于这一原理,直接法提出以下一些教学主张:以模仿为主原则、直接联系原则、以当代通用语言为教材原则、以口语为基础原则。直接法提倡使用儿童学习母语的方法来学习外语,强调直接学习外语和应用外语。在编选教材的时候,注重教学内容的实用性;在内容组织方面,具有较强的逻辑性与循序渐进性。直接法还强调语音的准确性和口语的表达能力,并注重实际的操练学习,同时,还有意识地利用相当直观的教学用具和设备以激起学习者的学习兴趣和动力。但是,直接法对外语教学也存在着很多的不足,一般公认的有以下几点:在外语教学中偏重经验和感性认识;只看到母语在教学中的积极作用;对母语与目的语之间的差别认识不足;对学习者发展智能和语言习得的其他方面注意不够。

(二)听说法模式下的英语口语教学

20世纪60年代初期,我国英语教学界受到了听说法的影响。听说法的产生在外语教学史上具有重要意义,它从理论和实践方面都促进了外语教学法的发展。在理论方面,听说法把结构主义语言学应用到了外语教学中,使外语教学法发展到了一个新的阶段;在实践方面,听说法强调外语教学的实践性,重视听说训练,建立了培养语言习惯的练习体系,还提出了"以口语为中心、以句型结构为纲"的主张。听说法提倡以培养听说能力为主,颠覆了传统的重知识、轻能力的教学导向,追求教学过程的交际性。然而,听说法忽视了人脑的思维能力和认知能力,忽视了语言规则的指导作用,过分重视语言的结构形式而忽视了语言的意义。

(三)视听法模式下的英语口语教学

20世纪60年代中期,视听法传入我国。视听法的教学过程分为感知、理解、练习和活用四个步骤。视听法继承和发扬了直接法和听说法的多方面长处。例如,视听法重视口语的作用,其最大的贡献就是在外语教学中广泛使用现代化技术设备,把语言和形象相结合并用于外语教学中。然而,视听法也有其自身的局限性。它过分强调整体结构,忽视了语言的分析、讲解和训练;过分重视语言形式,忽视了对学生交际能力的培养。

(四)认知法模式下的英语口语教学

20世纪60年代,美国的一位心理学家提出了认知法。认知法是听说法在理论和实践方面都受到了抨击和挑战之际出现的。认知法的理论基础是转换生成认知心理学和语法理论。认知法追求的外语教学目的是培养学生实际而又全面地运用外语的能力,即具有所学外语国家人民一样的语言能力。认知法的教学原则包括如下几点:强调有意义的学习;在理解语言知识规则的基础上训练外语;听、说、读、写齐头并进,全面发展;对错误进行分析和疏导;广泛利用视听道具,使外语教学情境化和交际化。认知法的优点包括以下三点:主张外语教学以学生为中心,把教和学有机地结合起来;认为学习应该是创造性地使用过程,而不是单纯模仿的过程;注意培养学生主动学习的能力。其缺点主要是无主次地教学,笼统地将口语与书面语放到同一位置,理论基础不够成熟;等等。

(五)交际法模式下的英语口语教学

交际法是以培养交际能力为目的的一种教学方法。其理论基础是心理学和语言学的研究成果。交际法汲取了各种教学模板的优点:以交际能力为主要线索安排教学内容,从而培养学生掌握交际的能力;根据学生使用语言的实际需要出发,确定其学习的目标,便于学以致用、学用结合;整个外语教学过程必须在真实的社会情境中使用真实的语言进行交际活动,从而使学生能主动、积极地通过交际活动发展交际能力;促进专用外语教学法的蓬勃发展。但是,目前交际法还存在着以下几个问题需要进一步研究:如何科学地、系统地统计语言功能项目? 如何协调语言功能项目与语言结构之间的关系? 等等。

在中学阶段,教师的主要任务是帮助学生使用英语表达生活中所接触到的事物,进行师生之间的简单交流,从而增加学生学习英语的兴趣。在这一阶段,学生受母语影响不是特别大,模仿力较强。因此,教师应着重培养学生的听说能力,注重他们的口语表达,培养他们学习英语的兴趣。在教学实践过程中,教师应以直接法为主,以听说法和视听法为辅;当学生有了一定基础以后,教师可引导和鼓励学生运用交际法开展师生对话,并积极引导学生从直接的感官学习到大量的口语操练来积累语言基础知识,养成语言习惯;之后,通过有明确目的的交际法来掌握运用语言等多个阶段。

四、网络技术条件下中学英语口语教学语境的构建

(一)语境的定义

国内外学者对语境进行了大量研究,但由于研究者的研究角度、出发点不同,他们对于语境还没有达成统一的界定。

英国人类学家马林诺夫斯基于1923年开创性地提出这一概念。他把语境定义为"情景语境"和"文化语境",也称为"语言性语境"和"非语言性语境"。情景语境是指"交际过程中某一话语结构表达某种特定意义时所依赖的各种表现为言辞的上下文,它既包括书面语中的上下文,也包括口语中的前言后语";文化语境是指"交流过程中某一话语结构表达某种特定意义时所依赖的各种主客观因素,包括时间、地点、场合、人物、交际目的、交际方式、交际内容等"。美国社会语言学家海姆斯则把语境定义为话语的形式和内容、背景、参与者、目的、音调、交际工具、风格和相互作用的规范等。英国语言学家里昂·莱昂斯(Lyons)提出:"语境是具体的情景中抽象出来的对语言活动与参与者产生影响的一些因素,这些因素系统地决定了话语的形式、话语的合适性,以及话语的意义。"

张志公在《现代汉语》中对语境进行的解释是:"所谓语言环境,从比较小的范围来说,对语义的影响最直接的,是现实的语言环境,也就是说话和听话时的场合以及说话的前言后语。"廖秋忠在《篇章与语用和句法研究》中指出:"语境包括上下文、交际双方的目的、交际双方对彼此的认识与假设、说话的现场知识、世界的知识、彼此的信仰、文化背景和社会行为模式的知识等。"常敬宇在《语境与语义》中指出:"语境就是言语的背景。具体说,就是说话或写作的社会环境、自然环境、作品中的上下文、说话的前言后语等,统称为语言环境,简称语境。"综上所述,语境就是由一系列同言语交际密切相关的主、客观因素构成的言语交际的环境。而英语口语是一种直接的、口头上的语言交际活动,语境直接影响交际的全过程,在很大程度上决定着口语交际活动是否能取得理想的效果。语境的特定功能使它成为英语课堂教学的重要手段和方法。网络技术在英语教

学中的一个重要作用就是能够通过课件的形式创设仿真语境,促进学生交际能力的形成。

(二)网络环境下中学英语口语教学语境构建的原则

语境的构建应遵循一定的原则而不能任意为之,网络环境下中学英语口语教学语境的构建亦不例外。因此,网络环境下中学英语口语教学语境的构建应遵循以下三大基本原则。

1.相关原则

在口语教学中,语境的构建必须与英语课堂教学的主题紧密相关。教师应从课堂教学的实际需要和学生的急需出发。有学者指出,多媒体课件的语境创设必须与原文本的语境相符合并具有动态性,这样才不至于脱离文本的教学,学生也才能更深切地理解和掌握文本。为了让学生认识到不同语境的独特性,动态的多媒体语境必须重视对不同语境语言的选取和运用,以便唤起学生的语体和语篇意识。

为了提供与课文内容相符的信息,语境的创设必须和语篇的内容严格相符,这也是学生的认知思维知识产生正迁移的前提。另外,为了提高学习效率,增强学习效果,除了多媒体外,教师还要充分利用与现实环境相关的一切信息,如社会生活、时事,甚至是讲授过程中课堂的实况事例,多管齐下才能为中学英语口语教学创设良好的学习语境。

2.互动性原则

语境的设置应充分体现互动性,不仅要师生互动,而且要生生互动,甚至要全员互动。生动活泼的课堂是每一个朝气蓬勃的学生所渴望的。因此,教师应使学生成为课堂活动的主角,充分唤醒学生学习的主体意识并调动起他们学习的积极性和主动性。教师只是导演,旨在设计课堂、组织课堂、把控课堂,为学生主动学习和自主探究创造宽松、自由、和谐的良好氛围。教师应将课堂教学的主动权交给学生,让他们自己分析和解决问题,甚至主动为教师出谋划策,共同搞好口语课堂教学,如学生和教师一起设计课堂、制作课件和组织活动等。换言之,语境的创设要唤起学生的参与意识和参与热情。那些基础不好、不敢说、害怕说错、自信心不足的学生，教师对他们应投入更多的关怀和爱心，给他们充分表达的机会，从而在师生之间架起沟通的桥梁并建立起充分的信任感。例如，让胆小的学生上讲台替教师放幻灯片。亲近感会使学生慢慢喜欢上口语课，久而久之便会喜欢上英语这门课。因此，教师在口语教学中应尽可能地为学生提供英语交流的平台。当学生取得成功时，教师给予及时的表扬，以此点燃学生的成就动机和学习欲望。因此，教师只有在英语口语教学中坚持多元互动的原则，才能为学生听说能力的培养创造最适宜的学习语境，进而让整个口语教学动起来、活起来，甚至真正火起来，最终达到促进交际和提高学生英语运用能力的教学目标。

3.适度原则

度的把握对任何事情而言都至关重要。在英语口语教学中，语境的创设必须遵循适度原则，以确保语境的创设为整个课堂教学所必需；不能为了语境而语境，以致舍本逐末，这样反倒破坏了口语课堂教学的效果。简言之，恰如其分的语境创设是口语课堂所必需的。适度原则要求教师能根据教学内容的要求摸清学生的实际情况，真正做到有的放矢、因材施教。多媒体等网络技术虽拥有很多优势，但不可能是医治教育"百病"的灵丹妙药。因此，那种希望用多媒体技术代替教师作用的想法是不切实际的。一堂45分钟的口语课，教师没有必要将全部教学内容都用多媒体展示，否则学生很容易产生厌烦或逆反心理，这反倒会影响教学效果。

(三)网络环境下英语口语教学语境的构建策略

网络环境下英语口语教学语境的构建包括语言语境和非语言语境策略两个方面，二者缺一不可。其构建策略也同样包括两个方面，具体论述如下。

1.语言语境的构建策略

语境由语言知识和语言的外在知识构成。其中，语言语境包括"所使用的语言的知识"和"对语言的上下文的了解"，它既包括书面语中的上下文,也包括口语中的前言后语。美国著名语言教育家克拉申认为,有效的语言输入必须满足以下三个基本条件:第一,学生能够理解输入的语言;第二,输入量大;第三,输入的信息有趣且相互关联。要使学生输出得多,必须经过大量的语言实践活动去内化输入的语言,这样才能达到习得语言的目的。作为教师,我们应利用各种多媒体及网络教学资源为学生摸索出一套行之有效的英语口语教学新模式,如多维输入、模仿积累、交互热身。在课堂上,教师的"教"决定了学生的"学",有什么样的教师就会有什么样的学生。因此,教师可采用多种教学方法或各种教学方法交替使用,以改变过去那种教师的权威形象和唯一的信息输出者的传统教学方法,使教师与学生互动起来,教学相长,互教互学。教师与学生还可以变换双方的角色与地位。双方角色与地位的变化对英语口语语境的构建必然会产生有益的影响。为此,网络环境下英语口语教学语言语境的构建可采取如下三项策略。

(1)教师应善用多媒体等网络多渠道输入信息

在口头交际中,要使交际能够得以顺利进行,首先要使学生能够听得懂。因此,在英语口语课堂上,应先听后说,积极促进语言信息的多渠道输入。教师可以根据每节课的学习内容,在刚开始的几分钟为学生播放原版视听材料,如《走遍美国》或英国BBC广播,或给学生讲与课文内容相关的英语故事。当然,要利用多媒体的语音技术确保语音的纯正和学生发音的准确率,然后让学生说说自己听到的最感兴趣的一段,或和教师交流互动。学生只有在感受到英语的美之后,才会喜欢上英语口语的表达,并朝这方面去努力。在英语教学中,为了让学生保持新鲜感,教师在多媒体教室可以交换使用教学所需的媒体,如幻灯片、投影仪、图片、模型、光盘,以使学生乐意进行有效的模仿和跟读与对话练习。应延长练习时间,使各层次的学生都能学在其中、乐在其中,促进学生思维的发展,激发他们的思想表达欲望。当然,仅靠课堂输入是不够的,教师每周可为学生提供两个课外学习的视频材料,内容要健康,篇幅要短小精悍,以供学生重复练习,提高口语表达能力。另外,教师还可以每隔一段时间便给学生播放带有英文字幕的经典影片,让学生了解英语俚语、谚语的表达方式和运用场合,以加深学生对学习内容的理解,增强教学效果。

(2)教师应充分利用多媒体等网络技术调动学生学习的积极性和主动性

要使学生开口说,仅靠课堂内外的输入是远远不够的,标准的语音、语调和得体的英文表达需要长期的模仿积累。在课堂教学前,教师将做好的PowerPoint通过主机播放给学生,学生跟读模仿,一遍遍地纠正练习,训练自己的语音、语调。这一过程由易到难,从单词、短语、简单句到复杂句逐步过渡,从而培养学生良好的语感。此外,为了训练学生的口语表达能力,教师还可以出示一些有意义的图片,让学生看图说话。例如,通过AI让卡通人物将对话说出来,学生观看模仿后,教师屏蔽声音,让学生对准画面人物的口形进行有针对性的练习。这样既可克服焦虑感,提高学生英语口语学习的自信心,又有助于学生对语言形式的理解。经过一段时间的练习,在学生具备了一定表达能力的基础上,可让他们针对画面内容即兴口头编故事,表达不畅的可让其他学生帮忙。这样不仅活跃了学生的思维,也锻炼了他们的口头表达能力、英语思维能力和随机应变能力。

(3)借助现代媒体创设的语言语境促进交互式学习

在学生具备一定表达能力的基础上,教师可以使他们利用自己的口语表达进行互动性练习。所谓交互,顾名思义就是指沟通和交流,包括师生交互、人机交互、生生交互等互动形式。在课堂上,教师主要利用人机交互和生生交互,这种形式要求学生根据屏幕提示的画面进行对话练习。人机交互主要是通过多媒体语言实验室局域网内部建立的,让学生根据提供的画面,经过深思熟虑后键入英文句子,从而完成人机对话的一种语言学习模式。该模式有助于消除口语表达有困难的学生的胆怯紧张情绪,完成正式口语交流前的心理准备;而对那些口语表达能力较强的学生,人机交互练习则更像是走上舞台前的彩排或预演,有助于克服其美中不足之处,使登台亮相的效果更加突显。教师还可以利用多媒体语言实验室的人机对话,让学生通过耳机听彼此的对话和教师的适时指导,通过观看动画图片和屏幕画面上的人物展开面对面的交流,及时运用所学的词汇、短语和句子进行大量的练习,教师只充当观察者和突发状况的处理者的角色。这样,可以在很大程度上减轻学生的心理压力,从而为下一步的情景对话奠定坚实的基础。语言首先是有声的,学生只有在有声的语言环境中,才能形成运用语言的能力。交互练习正是在真实自然的交际环境中发生的。由于语言从形式到内容被赋予了极其丰富的内涵,从而会产生强大的吸引力和感染力,学生的思想热情会被唤起,进而产生运用语言进行交际的内在需要。

2.非语言语境的构建策略

非语言语境指的是交流过程中某一话语结构表达某种特定意义时所依赖的各种主、客观因素,包括交际时情景知识和一般的背景知识。情景知识包括交际活动的时间、地点、交际的话题、交际的正式程度、参与者的相互关系等;背景知识包含特定文化的社会规范、会话规则、关于客观世界的一般知识、参与者的相互了解等。对说话者而言,语境影响其在说话内容、表达方式、表达手段等方面的选择;对听话者而言,语境有助于其确定指称,消除含糊,充实语义。在我国,由于没有理想的英语语境,学生在学习英语时不可避免地要将母语内部语境知识匹配到"外语表达式"上,结果产出"汉式英语"。因此,学生必须不断使用不同的英语口语来应对外部环境的不断变化,努力做到知行合一。这样才可以轻松达到英语教学的目标,也会在一定程度上调动学生学习英语的积极性。

(1)利用视频材料创设仿真语境并进行情景模拟

意义建构离不开创设情景,尤其是创设真实情景。现代技术的投影仪可以向学生再现各类真实场景,以加强教学的直观性和形象性。教师应积极利用电视、网络等技术手段收集各种情景对话,如公开演讲、新闻采访、记者招待会、日常生活会话。通过观看,使学生了解并明确不同场合的交际特点,掌握英语口语的实际操作环境、口语特点与技巧在不同文体中的应用以及相关的表达形式及其语言以外的信息。学生只有熟悉了各种交际场景,才能激发自身强烈的求知欲。在此基础上,教师应组织学生在课堂教学中进行模拟练习。教师只有给学生创设一种近似真实的场景,他们才会全身心地投入到交际活动中,并通过不断实践和反复练习提高自身驾驭语言的能力,从而更加深刻地理解中西方文化的差异,拓宽知识面和学习视野,取得良好的教学效果。

(2)利用智能化的多媒体网络创设远程交际语境

为了更好地适应英语口语学习者的需求,遵从语境创设的交互性原则,教师可以充分利用网络即时通信功能创设交际语境。互联网即时通信软件的运用非常普遍,并以其高质量的声像为网民所青睐。在这种远程交互语境下,交际者的声调、眼神等都对交际的成功进行大有裨益。因此,这种通过网络在线交流的方式可以直接满足学生学习纯正口语的要求。当然,教师应首先明确交际的话题,并提出学习目标和要求,这样才能取得最佳的教学效果。此外,教师在确定交际话题时,应尽量选择学生感兴趣并有话可说的话题,对于学生表达不出的句子,可允许学生通过图片或手势等辅助手段来表达。这样学生才会在最佳状态下修正自身的错误,培养及时思考反省的习惯,满足自身的学习动机、兴趣和求知欲,从而真正提高自身的英语语言素质和口语技能。

(3)利用多媒体创设社会背景语境并帮助学生加深理解

在语言交际活动中,学生所具有的社会背景和实际交际中所涉及的社会背景因素(社会语境)并不总是一致的,这对学生语言的习得会产生一定的不良影响。这种社会因素会影响交际者对词语、语气语体、语言风格、修辞方式的选择,进而制约交际双方的有效互动。因为不存在脱离语境的言语交际,所以任何一次言语交际都是在相应的语境中进行的。语言的特点之一就是客观现实性。它以语言外的语境因素,如时间、地点、社会、时代最为明显,这些都是言语交际主体和客体所处的社会背景。因此,在言语交际过程中,交际双方要注意联系社会背景,对社会背景有一个共同的认知。这样,言语交际才会获得成功。否则可能会造成交际双方的误解和产生理解上的障碍。

总之,不管是语言语境还是非语言语境,语境是交际过程中由语言使用者的主动选择生成的,而非预先给定的。在建构主义者看来,知识是一种意义的建构,是学习者主动建构的结果;学习者与环境的具体互动促进了知识的创造和生产。换言之,只有学生积极进行口语训练和意义建构,完善自身认知结构,才能切实提高其英语口语水平。

第二节　以互联网为媒介的高中英语口语教学实践探究

一、网络技术支撑下提高英语口语教学有效性的方法及教学设计

(一)有效性以及影响课堂教学的因素

从教育学专业角度来说,有效性是指通过课堂教学学生所获得的发展。时间、结果和体验是考量学生有效学习的三个指标。这里的有效性是指通过网络技术的支撑辅助作用,使学生在口语课堂上不仅可以获得学习技巧,还可以使知识素养得到发展。这个目标要求教师在日常的教学活动中,不仅要明确教学的目标和方法,还要积极采取有效的教学活动来激励学生,不仅要授人以鱼,更要授之以渔。

在教学实践中,教师经常发现有很多原因实际上影响了教学的有效性。

首先,教师在教学过程中忽视了真正的教学目标,往往只注重知识内容的讲解,而忽略了培养学生的信息态度、学习情感以及价值观。

其次,教师在教学过程中不注意因材施教,或者对于不同的学生没有充分做到具体问题具体分析,而是采用了笼统的"吃大锅饭"的教学方法。

这样做的结果往往是基础比较好的学生早早地完成了教学任务,基础比较薄弱的学生却无法按时完成任务,得不到应有的学习效果。

再次,教学过程中教师只注重教学形式的改变,如分组活动、集体探讨,忽视了学生对于教学内容的实际获得。

最后,没有及时采取多元评价体系,也没有对学生进行客观有效的评价,影响了学生对学科学习的兴趣。

(二)提高英语口语教学有效性的方法

1.充分了解学生的学习基础,设定合理的教学目标

教师只有充分了解学生的学习基础和教材的实际情况,才能设定合理的教学目标。要想了解学生的知识基础,教师既要了解学生对教学内容有无基础和兴趣,又要了解不同学生的不同基础,这样才能更好地把握教学的重难点、教学要求及教学目标。

2.因材施教,对不同的学生提出不同的要求

不同的学生对于知识系统的掌握程度有所不同。针对学生基础的差异性,教师应充分做到因材施教。教师在设计课堂学习任务时,应针对不同的学生给予不同的任务。即使给予相同的任务,对于不同的学生,要求也应有所不同。这样,才能让不同层次的学生都比较有效地、自信地完成学习任务。

3.建立互助合作小组,帮助学生共同完成学习目标

对于不同基础的学生在完成共同的学习目标时,教师要充分尊重每一个学生,鼓励基础不同的学生互相帮助,共同完成学习任务。小组合作学习有利于培养学生合作学习的精神和品质,为学生口语交际创设轻松良好的环境。有效的小组合作学习方式对提高学生的口语交际能力有很大的辅助作用。小组合作学习能使口语交际训练的范围更广,增大学生口语交际训练的活动时间,也可以促进学生个体活动为基础的集体口语训练的形成。在口语训练的过程中,教师应充分发挥自身主导与交流的作用,多鼓励学生,努力为口语交际创设良好的课堂氛围。

4.针对课外阅读的内容,开发口语训练的内容与形式

口语交际是一种即时性较强的活动,学生只有具备了较强的基础知识,才能在口语表达活动中做到应变自如。因此,教师应加强学生在口语课之外的阅读。例如,可以利用晚读的时间开展英语阅读课,阅读后指导学生开展信息交流以及阅读心得的交流会,让学生以朗诵会、新闻发布会、报告会等形式呈现出来。这些形式有效地促进了学生课外阅读质量的提高,也为提高学生口语交际能力提供了充分的保障。

(三)网络技术支撑下课堂教学有效性的具体表现

网络技术支撑下的口语教学可以更有效地达成教学目标,其具体表现为以下两个方面。

第一,网络教学为师生提供了全新的教学方式,把抽象、枯燥的学习内容转化成了形象有趣、可视听的动感内容。这有助于提高学生学习英语的兴趣和热情,使英语教学贯彻了"以人为本,以学生为主体"的原则,有力地促进了学生从"要我学"到"我要学"的积极转变。

首先,直观性、趣味性。现代教育技术中的多媒体教学把文字、图形、声音、动画、视频等多种材料信息集中在一起,使教学内容更具直观性,让学生一目了然,增强了学生听觉受激发的程度,提高了学生参与课堂教学的兴趣和热情。

其次,情境性、交际性。教学活动形式的多样化、课堂教学的情景化,对于语言学习是十分重要的。学习英语的目的是获得运用英语进行交际的能力,满足社会对外语人才的需求。现代教育技术中的多媒体教学可以较好地顺应这种社会需求,加强学生对情境的理解能力,有效地提高学生的英语口语水平。

第二,网络教学有助于提高英语口语教学的交互性和智能化。传统的教学方式是以教师为中心的,教师是知识的传播者和灌输者;而学生则处于被支配的地位,是被动的接受者和灌输对象。因此,在教学过程中,教师能否合理地处理教材、突出重点、解决难点至关重要,这也是评价教学

效果的重要因素。而多媒体强大的交互功能让学生在学习英语时,不仅可以和多媒体电脑设置的虚拟人物进行对话,并依据电脑的评判(包括语音、词法、句法甚至习惯用语)修正自身的错误,还可以有效地改变自己从知识的被动接受向主动整理、主动解决问题转变,这对于他们口语能力的提高、解决,以及只会写不会说的英语学习现象是很有帮助的。

首先,利用人机交互方式,培养学生自学的能力。交互性是多媒体课件的最基本特点。它不仅能实现学生与机器之间的交流,还能实现学生与学生、学生与教师之间的互动交流;有利于教师掌握学生的学习情况,调整教学内容,安排学习计划,也利于学生自学。人机对话的交互方式,一方面可以使学生有更多的机会听纯正、地道的英语,有利于他们规范自己的语音、语调,也有利于加强他们与现实生活的联系;另一方面,还可以使学生的情感焦虑情绪得到释放,并轻松地进入学习状态。

其次,多媒体中的智能化可以开阔学生的思维。通过多媒体的智能化,学生可以在逼真的情境中与电脑设置的虚拟人物进行对话,依据电脑的评判修正自身的错误,并有效地培养独立思考的能力;还可以使自己的学习动机、兴趣、求知欲得到满足,从而强化教学实践,开发智力,较好地提高英语语言素质和技能。

再次,通过文字、视频、音频、图片等多种方式,教师可以让学生全方位地体验英语,更好地理解和吸收教学内容,为他们的听、说、读、写能力的提高奠定基础。

最后,网络教学有助于英语教师综合素质的全面提高,可以培养教师的信息素养和信息时代的教学设计能力,也有助于教师提高课堂时间的使用率,扩展课堂信息的交流容量,丰富和完善教学内容。

(四)教学案例

下面以牛津译林版高中英语模块二第一单元为例。该节课主要讨论的是几个人类目前为止还无法解释的现象,通过讨论让学生学会用英语表达未知的东西。该节课是这个单元的第一节课,是这个单元的导入,这堂课让学生了解了一部分人类未知的东西,使学生对该单元余下的内容做到了心中有数。之前,学生已经具备口语表达方面的一些基本能力。本节课的内容难度不大,题材也比较广泛,应多鼓励学生大胆地发挥想象,尽可能地多说。该节课全程采用多媒体课件的方式进行教学。

案例分析

(一)教学目标

教师通过让学生谈论一些神秘的或者人类无法解释的现象,帮助学生充分利用现有的学习资源以及用口语表达的方式分享他们的观点;根据学生的学习基础,设定合理的教学目标;提高学生说的能力。

(二)教学重点和难点

使学生能够充分利用现有的学习资源自由地用口语表达的方式表达他们的观点。

(三)教学方法

讨论与说共同练习。

(四)教学工具

黑板、多媒体。采用多媒体网络技术进行教学,有助于教师综合素质的全面提高,可以培养教师的信息素养,也有助于教师提高课堂时间的使用率,扩展课堂信息的交流容量,丰富和完善教学内容。

(五)教学过程与方法

1.第一步,导入

教师给学生展示关于某些神秘现象的图片。(教学过程以图片的形式出现,可以体现教学过程的直观性与趣味性)

设计意图:通过文字、图片等多种方式,让学生全方位地体验英语,更好地理解和吸收教学内容,为学生的听、说、读、写能力的提高奠定基础。同时,教学中图片的使用能更好地发挥学生的想象力,让学生有话可说。

教师让学生回答以下问题:①Have you ever seen these pictures before?(让基础一般的学生回答)②What do you think of these pictures?(让基础比

较好的学生回答）③Is there any scientific evidence?（让基础一般的学生回答）

设计意图:因材施教,对不同的学生提出不同的要求。同时,可以培养学生的自学能力,开拓学生的思维。

2.第二步,讨论图片

教师把学生分为5个组(建立互助合作小组,帮助学生共同完成学习目标),每组讨论一个图片的内容(体现了教学过程的情境性与交际性)。

Picture 1:UFO

UFO stands for Unidentified Flying Object. According to some witnesses, it is colorless and moves at a slow and steady speed with little noise.

Questions:①Have you ever read some reports about UFOs in China?②Are you interested in UFOs?③Why do you think UFOs visit our planet?

Picture 2: Yetis

A Yeti is reported to be half-man and half-beast. Have you ever heard of it?

Questions:①Where are the Himalayas? What's the weather like there? ②Why do many people make great efforts to climb them?③Do you think some climbers' disappearance is connected with Yetis?

Picture 3:The Loch Ness Monster

The Loch Ness Monster was sighted as far back as the 6th century AD, living in Loch Ness a big lake in Scotland.

Questions:①Do you think it really exits?②Are you interested in discovering more about it?

Picture 4:The Great Pyramid

The Great Pyramid is one of the seven wonders of the ancient world and the only one people can visit. It is the greatest of the Egyptian pyramids, which serves as buried places for the Pharaohs.

Questions:①Do you think the Great Pyramid is a wonder in human history? ②How was the Great Pyramid built?

Picture 5: Stonehenge

Being one of Britain's greatest national icons, it stands for mystery and power. Some people guess that is was a temple for worship. The reason

why Stonehenge was built remains unknown today. Questions:①Have you ever heard of Stonehenge?②Do you think it is amazing?

3.第三步,讨论

Divide students into three groups and let them discuss the three questions under the pictures.

Encourage students to exchange their opinions:①Do you believe in unexplained things such as UFOs, Yetis and monsters? Why or why not?②What other unexplained things do you know about?③If you saw UFOs or a monster some day, what would you do?

(六)教学反思

学生对于文中出现的几幅图不太了解,因此,课前让学生先去网上搜索一些与这些图有关的知识,可以让学生在课堂上有话说。这个过程充分体现了网络技术参与口语课堂教学的有效性。

二、网络技术支撑下的高中英语口语教学的探究

高中英语新课程标准强调充分利用信息技术开发和利用课程资源,明确要求"能有效利用网络等多种教育资源获取和处理信息,并根据需要对所获得的信息进行整理、归纳和分析"。因此,英语教师应因地制宜地进行英语教学改革,为英语教学注入活力,激发学生学习英语的积极性。与此同时,高中英语新课程标准对英语教师的业务水平和计算机水平也提出了更高的要求,英语教师要在指导学生掌握一定英语语言知识的同时,能够熟练地运用信息技术与中学英语课程进行整合。因此,中学英语教师要利用有限的课堂时间提高学生学习英语的兴趣,调动学生的积极性,最大限度地满足学生学习的需要。那么,怎样才能更好地发挥网络技术在中学英语口语教学中的作用呢? 下面笔者就网络技术在中学英语口语课之前的辅助作用、在口语课过程中的参与作用、在口语课之后的巩固作用三个方面,研究如何在网络技术作为有效支撑的环境下更好地实施中学英语口语教学,进而显著提高口语课的学习效果。

(一)网络技术在中学英语口语课之前的辅助作用

教师可以利用一节自习课。首先,抽出5分钟的时间让学生在机房上网随意做自己喜欢做的东西。5分钟后让每个学生总结自己刚才利用网络做了什么,教师作出总结以便在口语课上呈现出来。然后,让学生自己思考使用引擎搜索方式搜索互联网的优点和缺点。通过让学生亲身体验(上网)的方式总结互联网的使用方法及途径。这个过程灵活多样,基本没难度,而且还是以学生感兴趣的方式进行的,学生乐于接受。这就使得学生在口语课上对需要表述的内容做到了心中有数、有话可说。教师把学生总结出来的内容进行归纳、总结,从而让学生一目了然。

(二)信息技术在中学英语口语课过程中的参与作用

1.以教学设计的形式。下面以 **A World of Connections** 为例介绍以教学设计形式参与口语课堂的作用。

(1)教学内容及分析

模块七 Unit3 Welcome to the unit(江苏译林版),标题是 A World ofConnections。这是一次会议中所用的一个海报,内容是关于互联网和它的使用问题。

根据海报上提供的4幅图画,教师要求学生讨论因特网在目前以及未来的使用。教学的目的是鼓励学生讨论互联网使用的优点和缺点,自由表达图画的内容,跟其他学生分享自己的观点。最终目的是通过对这个话题的讨论,提高学生对于这方面内容的英语口语表达能力。

本课是这一单元的第一课时,主要通过口语的方式让学生理解互联网的运用及特点,在锻炼学生口语的同时又可以达到让学生通晓本单元主要学习内容的目的。本节课的学习内容对这个单元的学习内容起到了很好的铺垫作用。

（2）教学对象分析

互联网在日常生活中的使用非常普遍，学生在日常生活中也接触了不少互联网方面的知识。但是，如何用英语来表达出他们对互联网的使用这个问题的观点，对他们来说可能还存在着一些困难。一是他们平时很少用英语进行交流，口语交流能力不是很强；二是学生对与互联网的使用有关的一些词语可能掌握得不是很到位；三是怎样有系统地来论述这个问题，对他们来说可能也是一个难点。

（3）教学目标及重难点

教学目标：提高学生的英语口语表达水平；让学生掌握互联网的使用以及它的优点和缺点。

教学重点：教会学生如何用英语很好地表述互联网的使用以及优点和缺点。教学难点。怎样教会学生用英语很好地表述互联网的使用以及优点和缺点。

（4）教学方法

讨论、口语表达法。

本课采用多媒体课件进行教学，旨在有效地体现现代教育技术在中学英语口语教学中的使用；采取多渠道引导学生的教学方式，旨在让学生更好地展开探究性学习。教学过程以及整合点如下：

本节主题：A World of Connections。

第一步，教师首先用一个问题导入：Do you know how people used to keep in touch with each other？ 让学生对这个问题思考两分钟，然后出示图3-1、图3-2、图3-3和图3-4。

Dec.12，_

Dear Mr. Soott，

I am wrtiting to recommend Wang Ying, a close associate of mine, who is seeking a teaching position in the US to teach Chinese to Americans.

Mr. Wang is an outstanding candidate and deserves my highest recommendation. He has been certified to teach Chinese as a foreign language. As a hardworking and dependable gentleman, he gets along well with others and will be an enthusiastic and pleasant colleague. If Mr. Wang should be given the opportunity to work in your school, I am confident he will do the work well and meet what is expected of him.

Needless to say, I will take this as a very special favor, and will be only too pleased to reciprocate at any time if you will give me the opportunity to do so.

Yours sincerely,

Li Ming

图34-1　Letter

图3-2　telegram

图3-3　computer

教师把学生分为四组,让每组派出一个代表对刚才提出的问题作出各自的回答,然后告诉学生:Let's look at the following picture.

在多媒体上给出图3-4以及相对应的问题。

图3-4　百度和谷歌

Question:①Have you seen this kind of search engine?②Do you know how to find information through search engine?③How many search engines do you know or often use? What are they?

再在多媒体上播放一幅小男孩坐在电脑前和其父亲视频的图片,教师出示相对应的问题。

Question: ①Have you ever tried taking with your parents and friends online?②What equipment do you need if you want to talk with people online?③What are advantages of online taking?

继续在多媒体上播放一幅关于某购物网站的主页图片,教师出示相对应的问题。

Question: ①Have you ever heard of shopping online or bought anything online? ②What are the advantages and disadvantages of buying things online?

告诉学生:Let's look at the following picture.

教师在多媒体上给出图3-5以及相对应的问题。

图3-5　网络幻想

Question: ①What do you think will happen in the future on the Internet? ② Do you think we can live "on" the Internet completely in the future?

第二步,把以上图片以及它们各自对应的问题分别分配给学生。给学生15分钟的时间,让每组成员进行讨论。

15分钟后,教师让每组分别派出一个学生代表给出他们的回答,其他组的学生认真倾听,适当的时候他们可以给予补充。在学生给出答案的时候,教师可以在一旁记下要补充的东西,等四组学生全部回答完,教师作统一的补充。

以上事情完成后,教师在多媒体上给出如下问题:

Discussion: ①Do you like to use the Internet? What do you usually use it for? ②What are the advantages and disadvantages of the Internet?

然后,教师把学生分成两组,让其讨论10分钟,结束后分别找两个学生给出他们的结论。教师对这两个问题最后作总结性的评价。

Discussion: ①Do you like to use the Internet? What do you usually use it for?

Yes, I like it very much. I use it to write emails, read news or talk with my classmates. Sometimes I buy some things on the Internet. I usually listen to music or see some films on the Internet too.

Discussion: ②What are the advantages and disadvantages of the Internet?

Advantages:

It is more convenient. It shortens the distance among people.

We can save lots of time by referring to some information on the Internet instead of going to the library.

It provides plenty of information to us.

Disadvantages:

It is not always safe on the Internet.

Many teenagers become addicted to the Internet with the result of failure to courses.

(5)教学评价

教师让学生用英文写出一篇针对本节课所学内容的总结,并上交,教师给予评阅。其参考内容如下:

I like the Internet very much. Normally I use it for checking emails,reading the most up-to-date news or talking with my friends. Recently,I registered in an online music course, which allows me to study music and listen to music online for free. I bought things online once or twice, but I rarely do it now because I am very concerned about my privacy and the safety of the activities.

Fast speed and easy access are the most important aspects of the Internet. Compared to the postal system , email is very fast because people can receive an email instantly after it is sent instead of waiting several days for a letter. Also, with a wire that connects the computer with the Internet, people no longer need to queue to pay for things, to book tickets or to register for something, they only need to sit in front of the computer and key in their information. The Internet has made modern life very convenient. With the rapid development of Internet, it has been influencing our daily life tremendously. Internet has transformed our lives and the way we communicate, how we learn, how we work and spend free time. In fact, it has more or less changed every aspect of human society. We can befit a lot from Internet. Internet has greatly shortened the distance among human beings. Email is much more efficient. To do some research work, we can search for relevant information on Internet without leaving our home. We can reduce our cost greatly. We needn't spend lots of time and money in printing and posting. What we have to do now is just to send documents through the Internet and it almost costs nothing.

The Internet will free people from the offices every day. They can do their business online, including reading documents and conduct meetings. At that time, people will have more spare time to arrange their personal lives. Besides, every part of a home can be connected to the Internet, e. g., the fridge, the microwave oven or the bath, so that you can use the computer to pop online and control the electric devices at home when you are away. At that time, you can get home with food ready in the microwave and hot water ready in the bathroom. What used to be a great nuisance in the daily life will be just simply at one click of the mouse. Finally, the Internet will shorten the distance between people in different parts of the world. Free access to information will enable people to better understand the world they are living in, this will better protect the minority cultures and help people avoid culture shock.

However, the Internet also has its negative aspects. As the Internet allows free flow of information, people sometimes find that there is too much information online that has not been proven to be true. On the one hand, to some extent, the Internet is becoming a place to spread rumors. In additions, the Internet helps the free spread and downloading of pictures,literature, music or films without acquiring the permiss from the copying holders, which is illegal. And maybe thousands of people are staring at you when you log onto the Internet. Your private information,such as your accounts and passwords, is easy to be let out. On the other hand, with the sharply increasing amount of time spent on the Internet, we are starting to lose ourselves, especially for those youngsters. We are getting more and more indifferent to people around us. The more we communicate, the lonelier we feel.

2.以视频或音频的形式

首先,在训练学生口语的过程中,教师可以通过剪辑原版的录音或视频,运用多媒体播放听力或者视频材料让学生进行口语练习模仿。这种方式集文字、图像、声音于一体,且形象生动,可以激发学生的学习兴趣。所播放的内容可以任意前进、后退、反复,学生如果某一句或某一段听不懂,可以迅速而准确地找到并重复听。这个过程有效地解决了口语教学中的难点,进而有效地提高了学生的英语口语表达发音与用词的准确性。其次,教师还可以利用网络资源找更多适合学生基础的听力材料,让学生模仿口语表达时的语音语调;等等。

(三)网络技术在中学英语口语课之后的巩固作用

高中英语教师还可以采取以下方式进行教学评价。教师可以把以下内容在投影上播出,然后让学生根据本节课所学知识为下面一段内容填空。所填内容可以多样化,不必拘于一种形式。

Nowadays, the Internet is playing an increasingly important role in our society. It has brought enormous changes to our life. It seems that no one can escape from the influence of it. As to whether it is a blessing or a curse, there is a long-running controversial debate. Some people think that increasingly use of the Internet leads to social isolation and depression. People who spend more time on the Internet spend less time socializing with peers, communicate less with their families and feel more lonely and depressed. Now try to fill in the blanks below.

The effects of the Internet:

1. _____

2. _____

Advantages:

1. _____

2. _____

Disadvantages:

1. _____

2. _____

根据以上方式的教学,笔者总结了如下问题。

第一,口语的题材要贴近学生的生活实际,这样可以让学生有话可说,并且有积极性。

第二,教师应充分认识到学生是课堂的主体,教师仅仅是教学活动的组织者和引导者,在课堂活动中,他们应该把更多的时间留给学生去锻炼与学习。学生在表达自己的观点时,教师要适时地给予表扬和鼓励,从而使学生获得成就感,提高学习的积极性,增加学习的兴趣。

第三,在练习的过程中,教师要根据学生的基础布置不同的任务。这样既考虑到了学生的个体差异,又能让每一个学生都能体验到学习的乐趣。因此,教师要为学生创设语言环境,合理设置难度适宜的任务,让学生通过大量口语操练加深体验,逐步感受成功的喜悦。

第四,课堂活动结束后,教师应及时对学生的学习情况进行总结和评价,也可以组织学生进行自评或互评。在评价过程中,教师应充分肯定学生的进步,鼓励学生进行自我反思和自我提高,还要注意防止评价流于形式,或因评价不当使学生产生心理负担或对学习产生厌倦情绪。

总之,网络技术支撑下的中学英语口语课很好地诠释了新教育理念,突破了传统口语课堂教学死板、枯燥、单一的模式,使口语课教育教学方式发生了根本性的改变。这种改变一方面使得教师在教学过程中节省了大量的时间,教学内容变得丰富多彩,课堂气氛变得生动活泼,教学评价体系也变成了学生学习和巩固的过程;另一方面,网络技术的多样化使用,激发了学生对已有知识思维想象和实际运用的能力,学习过程变成了学习知识的过程和增加学习兴趣的过程,课后巩固知识的过程变成了探究实践让人乐学的过程。总体来说,网络技术在中学英语口语课教学中的运用可以更好地弘扬以教师为主导、以学生为主体的新教育理念,还可以更好地让学生进行自主性学习,使口语课堂教学取得优质高效的学习效果。而这显然有利于促进学生英语口语能力的显著提升与发展。

第四章 信息技术与高中英语听力教学深度融合的应用研究

第一节 信息技术背景下的英语听力教学概述

一、高中英语听力课堂教学的内容和特征

（一）高中听力课堂教学的内容

高中听力课堂教学的内容一般应包括以下几点：语音训练、听力技巧、听力理解和逻辑推理训练等。

1.语音训练

语音训练包括对听音、意群、重读等的训练，训练的程序应从词到句，再到文。对于造成听力困难或容易混淆的语音应专项训练，例如bed—bad、chip—cheap、pin—pen、ship—sheep、sit—seat等。语音训练是为了增强高中生的语音辨别能力，为提高听力理解打下坚实的基础。

2.听力技巧

听力技巧包括听大意、听细节、听具体信息、听隐含之意猜词义等。听力教学包含训练这些技巧的各种听力活动。在听力考试中，掌握正确的听力技巧，不仅可以事半功倍，还可以提高答题的正确率。

3.听力理解

听力技巧的培养是为理解服务的，除了语音和技巧的训练之外听力教学更多的应是通过各种活动，训练学生对句子和语篇的理解能力，使学生的理解由"字面"到"隐含"，再到"应用"，一步步加深听力理解的过程。听力理解是高中生积极地进行意义建构的过程，这个过程建立在诸多因素的基础之上，包括听的目的，对听觉和相关视觉输入的注意以及实时进行的自动加工、必要的推理和判断，最后达成理解，实现有意义的交流。听力理解是一个极其复杂的过程，它涉及语言、认知、文化、社会知识等各种因素。由于听力过程的隐性特质，使得对听力理解过程的研究难以进行，特别是很难构建出理论模型。听力理解过程非常复杂。它会受到源于听者本身的内部因素的干扰，也会受到说者、文本、语境等外部因素的影响，而且听力是一个隐性的知觉过程。高中英语教师不易观察到听者头脑中所进行的加工，常常只能借助于学生对听力练习的完成情况推测其听力水平，然而听者看似正确的反应也并不足以保证真正理解。

（1）听力理解的含义

在听力理解过程中人们对语言信息的加工处理有以下三种模式：自下而上模式、自上而下模式和交互模式。自下而上模式又称文本驱动或材料驱动模式，该模式认为，听力就是一个语音解码的过程。听者利用语音、词汇等语言知识以及对语言因素的分析来进行听力理解，即从语音、单词、句子到整个语篇的意义强调语言知识是正确理解的基础。自上而下模式也叫图式驱动模式，该模式认为，听力不只是语音解码，而且是一个预测、检验和证实的过程。在这一过程中，听者利用非语言手段，如文化知识、语用知识、社会知识、策略知识以及与听力材料相关的话题知识，与说话人和场景相关的知识，对听力材料进行预测、分析和处理，从而达到对所听信息的理解。然而这两种模式极少独立地进行信息加工，它们总是平行作用的，于是就有了第三种加工模式——交互模式。交互模式把听力理解过程看作大脑长时记忆中的图式知识与听力材料相互作用的动态过程，即高中生对听力材料的理解不仅要运用语言知识，还要主动地借助大脑中的相关背景知识，对所听到的语言材料进行信息的加工处理，进而理解听力材料中的意义和内涵。成功的听力理解过程是自下而上和自上而下两种加工模式共同作用的结果，不过学习者在具体的情境中采用何种加工模式通常取决于多种因素：听的目的、学习者语言水平、听力事件发生的具体情境等。如果需要确认具体的细节信息，听者会更多地依赖于自下而上的处理模式，如天气预报、航班信息等。安德森的听力理解三阶段模型主要从认知的角度探讨了听力学习者意义建构的过程。安德森将听力理解过程区分为感知处理、解析加工和资源利用三个相互联系而又循环往复的听力认知阶段。范格德对其进行了修正，并将自下而上模式、自上而下模式元认知等概念整合在一个框架之内。

在感知阶段，听者利用工作记忆，对听到的声音信号进行分析，并试图从语流中切分出音素，以便理解。这一语音解码阶段主要采用自下而上的信息加工模式。学生在这一阶段遇到的困难有：不能识别单词、不能切分语流、注意力难以集中等。语流切分是外语听力学习者所面临的巨大挑战。在阅读材料中，单词之间有空格隔开；而在听到的言语中，相邻单词的界限却往往难以区分，听者必须利用自己的语音知识将听到的语流切分成有意义的单位，然后才能获取意义。因此，高中生需要掌握足够的语音知识，并能对常见的语音现象（省音同化等）作出辨析，这样才能对连续不断的语流进行正确的切分。

在解析加工阶段，听者试图切分单词，并与长时记忆中的单词进行比对，作出选择，建构意义。意义是切分单词的主要依据，随着语言能力的提高，听者能够越来越熟练地激活候选词群。就功能词和实义词而言，听者更易辨别出实义词。实义词是承载语流核心意义的重要词汇，能迅速激活听者大脑中相关的知识储备。在多数情况下，语流中的实义词以重音节开始，实义词的重音节拍既是单词界限的标志也是语流切分的重要提示特征。学习者在这一阶段遇到的困难有：听过即忘，无法将听到的词在头脑中建构词义，未识别部分导致无法理解后续部分等。因此，要熟悉英语的节奏特点，捕捉语流切分的提示性特征，将语流切分成或独立或相互联系的若干语言信息单位。

在资源利用阶段，听者主要采用自上而下的信息加工模式，利用长时记忆中的信息资源来诠释意义。此阶段的听力理解类似于问题解决的活动，听者利用他们的世界知识和语言知识来解决这样一个问题：理解说话者的意图。高中生在这一阶段遇到的困难可能有：理解单词但不理解其所传递的信息，或混淆意义、模棱两可。这些瞬间发生的听辨信息处理过程包含两个方面：认知流利度，即听者能否快速将言语信息与意义联系起来和注意控制即对线性展开的言语信息进行实时的聚焦。

听力理解是一个复杂的认知过程，研究者提出了不同的模型对其加以解释，他们在以下几点上是一致的。

第一，只有当高中生的注意力集中在输入材料时，才有可能对信息进行加工，这个信息加工的过程包括一定数量的解码活动和对信号的分析活动。

第二，新信息的加工基于从长时记忆中提取的已有知识和图式。

第三，成功加工听力信息的能力取决于对所听语言信息的加工速度。

由此可见，听力理解并不是简单地单向输入和被动地接收信息的过程，也不只是对语言表层信息的识别，而是新信息与听者原有的知识经验或背景知识双向作用的过程，听者在此过程中积极地建构意义，以达到理解与交流的目的。

（2）听力理解的影响因素

第一，与说者有关。包括参与者人数、语速快慢、谈话内容中重叠信息的多寡、是否使用方言等。

第二，与文本内容有关。包括语言因素、文本的篇章结构、所涉及的背景知识等。

第三，与听者有关。包括动机强烈程度和要求回答的信息涵盖量等。

第四，与听力辅助手段有关。研究者束定芳和庄智象指出，影响听力理解的重要因素包括听力材料的特征、说话者特征、任务特征、学习者特征和过程特征。听力材料的特征指时间变量、语音、词汇和句法，以及视觉上的支持等材料本身的一些特点；说话者特征主要指性别因素；任务特征指的是听力理解的目的和听力学习所涉及的问题类型；学习者特征指学习者的语言水平、记忆力、情感因素和背景知识等；过程特征主要指听力理解的心理过程，如学习者采用的是"自下而上"模式、"自上而下"模式还是互动模式。

4.逻辑推理训练

在高中英语听力课堂教学中，学生除了训练语音，还要训练逻辑推理能力，并提高自己的语法知识，因为语法和逻辑知识是正确理解和判断的必要条件。

另外，学习语言是需要语感的，在听力教学中，就是对信息有一定的预测能力，当能预知将要听到的信息范围时，头脑中该范围的知识储备无意中被激活，那么听力理解的效果就会好一些。

（二）听力课堂教学的特征

英语听力课堂教学的特征表现在听力课堂教学的历史定位、听的心理机制和听的过程特征、听在课堂英语教学活动中的特殊性等四个方面。

1.听力课堂教学的历史定位

传统的英语教学，经常听到的是听、说、读、写、译等五项技能，后来由于社会实践活动中英语直接应用的范围和深度大规模、加速度扩展，而翻译在整个英语应用中的比重却相对缩小，中国英语教学界也就逐渐地完全遵循英语国家二语教学的提法，只有听、说、读、写四项语言技能了。作为最基本、最重要的语言应用技能，无论是五项还是四项，听都始终被置于首位。这绝不是一种偶然，而是对语言活动规律的自然的、真实的反映。

从母语习得过程来看，人的第一语言活动就是听。从新生命来到人间的那一刻起，这个生命就不再通过母体来听，而是开始了直接用耳听的语言活动，听了好几个月以后才开始说。而后，要过几年以后才开始读，最后才学写。外语学习或许也应经历同样的历程，尽管中国的英语学习者多数还是从读开始。

改革开放以来我国英语教学发生了深刻变化，产生了对英语应用和英语人才的前所未有的、迫切而又巨大的需求，其中对口头英语应用和口头英语人才的需求又远远大于对书面英语应用和书面英语人才的需求。为满足社会需求，英语教育的重心开始从读、写转向听说。在中国发生的这一变化，恰好与布朗所描述的20世纪70年代以后国际上发生的变化相类似。在20世纪70年代初期，口语还只是书面语的亲戚，而到了今天，口语教学的重要性已经得到广泛的认同，出版业把大量的资源和想象力都倾注到口语教材上，人们已经普遍认为，任何一个外语学习者都应该学习口语，即使其直接的外语学习目的是读和写也不例外。这场革命保证了外语口语教学中出现的问题得到了来自理论研究和教学实践两个方面越来越多的关注。

我国英语教学理论界也开始了相应的教学方法战略调整的理论研究。以刘润清为代表的北派英语教学提出改革以读、写为本的传统教学原则，推行"听说为本、读写并重"的新教学原则，以适应中国社会对英语应用和英语人才的新的需求。当然也有不同的声音，复旦大学外文系教授董亚芬就主张"中国英语教学应始终以读写为本"，并提出在英语实际应用中，听、说的重要性并不能动摇在英语教学方法原则上读写的重要性。

如今，我国英语教育的各个方面，包括学校英语教学、社会英语教学、个人自学英语、英语出版业、各种大众媒体宣传等，无不把英语口语放在首位，英语听力教学的重要性已经完全确立。如何从教学方法论上对听力教学进行新的探索，为英语听力教学实践提供有益的、可操作的建议和参考，已经成为广大英语教师和从事英语教育方面的学者面对的重要课题。

2.听的心理机制

听和读同属于语言理解技能。整个听的过程就是听话者的心理解码活动过程，胡春洞把这一过程分解为循环反复、同步进行的三个方面：分析综合、预测筛选和印证修正。分析综合始于对声音的接收即听声音，对声音进行感知，然后对感知到的声音加以识别，识别为话语以后便开始加以理解，进而对话语及其信息进行储存记忆，同时对新储存的信息和先前储存的信息加以整合。分析综合的过程虽然有一个明确的起点，即对说话者的声音的接收，但这一过程却没有一个明确的终点，因为后来收取到的信息有可能对已经完成第一轮分析综合理解过程的结果提出重新理解或重新整合的要求。

预测筛选是指在听的过程中，听话者会根据上下文、环境、背景知识以及其他一些情况，对即将听到的话语及其意思进行预测，以判断出说话者即将要说的话语及其意思。而筛选则是指听话者对所听到的话语及其意思进行必要的筛选，关注重要部分，忽略次要部分，把注意力集中到自己关心或感兴趣的内容上来。

印证修正就是把自己实际听到的讲话内容与预测的讲话内容相比较，如果是一致的就可能有意识地加以记忆，并以此作为对下一步的内容的理解背景；如果不一致，则修正自己原先的预测，并重新开始新一轮的猜测和印证。

必须指出听的整个过程是一个接收、理解预测、肯定、否定等诸多心理活动的反复的动态过程。这一过程极其复杂，上述描写只能是一种粗略的猜想，到目前为止人类无法真正了解自己大脑中发生的真实情况。

3.听的过程特征

听的特征主要包括同步性、短暂性、即时性、及时反馈性、听说轮换性、情景制约性、提示帮助性等。

第一，同步性。这一特征表明"听"总是与"说"同时发生，没有"说"就没有"听"，这是听的本质特征之一。听的发生过程一定伴随着说的发生过程，有"听"就有"说"，但有"说"并不一定有"听"。因此，"说"是"听"的前提条件。这一本质特征决定了听力教学必须充分关注"说"，包括说的内容和方式。这一特征说明听力教材在高中英语听力课堂教学中有着至关重要的作用。

第二，短暂性。这一特征是指说话人的话语一经说出，即刻消失，也就是说，多数情况下，说话人所说的话语必须在说的那一刻被听到，否则，话语结束，便消失得无影无踪，即使说话人重复刚才所说的话，听话者听到的也只是另一句含有同样词语的句子而已。这也是听的本质特征之一。这一特征对高中英语听力课堂教学的启示就是，在听力训练中，要求高中生必须集中注意力，及时捕捉所听的话语，否则，未能听到话语，听力理解便无从谈起。

第三，即时性。这一特征表明听的过程是一个非计划性的、随机自然发生的活动过程，一般情况下是不可能进行预演或事先练习的，这一特征要求高中英语听力课堂教学必须培养学生的即兴适应能力，掌握各种听力技巧，关注听力过程本身。

第四，及时反馈性。这一特征是指在日常人际交往的语言活动中，听话者一般要对所听到的内容提供及时的反馈，如表示听清楚了或没听清楚，或赞同，或反对，或欣赏，或厌恶；等等。这种反馈可以用语言表示，也可能用面部表情、手势或其他方式表示。这一特征对高中英语听力课堂教学的启示就是，要训练学生集中注意力，及时捕捉说话人的话语并及时理解其意思，作出反应。通过这种方式使说话者作出相应的话语调整，或重复，或解释，或确认，或否定，或大声一些或小声一些或继续讲，或停止讲等。

第五，听说轮换性。在日常人际交往的语言活动中，听者在扮演听者角色的同时，通常也扮演说者的角色，这是由日常人际交往语言活动的互动性质所决定的。不同于及时反馈特征，听说轮换特征表明，听话者此时的目的不再是为了听得更清楚、理解得更明白，而是要获得话语权，要表达自己的意思，要用自己的话语作用于先前的说话人。听话人反听为说，表明他的语言活动参与程度已经超越了听的范畴，进入积极的语言交际的互动程序中。这一特征的高中英语听力课堂教学的意义在于，听的训练不能完全是单纯地听，不能局限在听磁带、听广播、看电视电影等单向听力活动范围内，而要尽可能地让学生参与对话式的、互动式的、活的语言活动，与说的训练相结合，听说并行可能是一种更好、更有效，一箭双雕的听力训练方式。

第六，情景制约性。"听"总是发生在特定的时间、特定的地方以及特定的情况和状态下，这就必然构成了听话的情景，这些情景中的细节往往决定了其间发生在语言活动中的话语的意思，并且能提供各种进行语言理解的线索和提示。了解这些情景细节，提高对这些情景细节的敏感程度，发现其中的线索和提示，将有利于听话者的听力理解。这一特征对高中英语听力课堂教学的启示在于，听力训练应尽可能地在一定的情景支持下进行，同时应鼓励和引导学生加强语言情景意识，以提高学生在真实的语言活动中的听力水平。

第七，提示帮助性。这一特征首先与情景制约特征密切相关。在语言活动发生的情景大场中，总有各种各样的细节可能向听话者提供某种提示和线索。同时，说话者说话时的肢体语言（包括表情、眼神、手势、姿势、动作等）都可能向听话者传递某种信息。在高中英语听力课堂教学中，应该鼓励并引导学生观察和注意语言活动情境中的各种细节以及说话者的各种肢体语言。充分利用这些提示帮助，有利于提高学生英语听力的实际应用能力。

显然，了解上述听的过程特征，有利于高中英语教师加深对听力教学的认识，更好地应对听力训练可能出现的各种问题，更有效地帮助学生提高英语听的能力。

4.听在课堂英语教学活动中的特殊性

在貌似平常简单、实则纷繁复杂的高中英语课堂活动中，听力活动与其他三项语言技能相比，有其特殊性。在这些特殊性中，美国管理学家迈克尔·哈默认为需要特别关注以下三点：

（1）每个人听到的语音材料都是同一个速度。

（2）很多学生都体会到了听力活动中的恐慌，因为没能理解一个单词或词组而停下来思索，结果却丢掉了接下来的内容，最终导致整个听力活动的失败。

（3）口语，特别是非正式的口语，有许多句子残缺、多次重复、犹豫不决的特点。

这些特点必然对高中英语听力教学提出特殊的要求。如何针对听力活动的特殊性设计相应的听力训练活动与任务，从而确保高中英语听力教学活动的顺利实施，是高中英语听力教学理论研究不可回避的问题。

二、高中英语听力课堂教学的现状

听力技能的培养是一个综合能力的培养，包括学生对句子、文章的理解能力、概括能力以及逻辑思维能力，同时也培养学生的语言交际能力。但在英语听力学习中，多数学生都怕听，更谈不上运用听力技巧。于是，面对极其简单的听力题，学生仍然跟不上速度，有时会显得束手无策，致使教师在教学中很难顺利、有效地完成听力教学。概括地说，当前高中英语听力课堂教学的现状分析如下。

（一）学生基础水平较低

由于东西方文化差异，当前高中生对英语国家的地理历史、风土人情、思维方式和生活方式等了解不多，缺乏相应的背景知识，词汇量少，基础知识匮乏。另外，由于没有养成良好的听力习惯，平时又不勤加练习，导致发音不准确。再加之语言学习的环境不太理想，高中生对英语的语音、语调及韵律特征缺乏必要的敏感度。这些都成为听力训练过程中的阻力，从而使高中生产生怕听的心理障碍。

（二）课堂教学模式单一

教师有时忽视高中生对于语篇的整体理解，使听力教学成为毫无任务的听，或者是成为机械地放录音的活动，听力课就拘泥于"听听录音，对对答案，教师解释"的授课模式。有的教师在听力教学中没有教学目标，一味盲目地让学生听，一遍之后学生不能完成任务，就听两遍、三遍……这些都是教师缺乏指导和监督的表现。

（三）教师引导缺乏适度

有些教师把听力教学当作考试训练，不给学生做相应的引导，就直接播放教材中的听力任务。对于听力教材中的生词，也不作说明，而高中生在对话题不熟悉、没有相关的背景知识做铺垫的情况下，就会在听力教学中产生挫败感，这种听前缺乏引导或引导不够的听力活动，不能让学生体验学习的成就感。相反，有些高中的教师把要进行听力训练的教材，在听前从生词、句型到因果关系都进行了详细的引导，学生根本不需要仔细去听，就可以选出正确的选项。这种听前过细的引导，把听力训练变成了摆设或是走过场，这样的听力也失去了听力教学的意义。所以，如何适度把握听前的引导，是教师在听力教学中需要重视的一个环节。

（四）教学重点定位不当

一些高中英语教师缺乏分析把握教材目标的能力，把听力教学的目标和重点定位在完成教材的听力练习上。有时教师觉得教材上的听力材料太难，便将听力任务中需完整回答的问题改为单词填空，并且填空的内容多为数字或学生很容易听出来的信息。事实上，用完整句子完成所听内容的练习旨在培养高中生获取、理解并处理听力材料整体信息的能力以及用语言概括表述信息的能力，而教师将练习改为让学生关注细节的做法就无法实现设定的听力目标。

三、影响高中听力课堂教学的因素

听力包含人的听觉力以及能达到理解程度的各种认知能力。英国语言学家玛丽·安德伍德将整个听力过程分为三个阶段：第一阶段是声音进入听觉储存阶段，第二阶段为短期记忆处理信息阶段，第三阶段是把理解了的信息转入长期记忆阶段。这三个阶段都必须把握好，否则任何环节的缺失都会影响听力教学的效果。下面就从学生与教师层面具体探讨制约听力教学的主要因素。

（一）语言的基础

语言基础知识包括语音、语调、语速、词汇、句型、语法等，这些知识如果不扎实，训练再强化，也是没有什么效果的，因为没有这些基础知识，听力训练就如同空中楼阁。在听力训练中，一旦弱读、重读、语调连读、意群或是标点等发生了变化，即便是相同的单词组成的一句话也会有不同的意义。

（二）学生的兴趣

很多高中生对英语听力课都不感兴趣，自身的词汇量和语法知识都不过硬，上听力课就好像在听天书，于是从心理上产生了抵触情绪。这种抵触心理导致了学生在听力训练中很少积极参与，大多是在教师的监督下敷衍了事、被动应付。造成的后果就是抵触情绪愈发高涨、学习兴趣愈发低落，听力水平当然很难提高。有的教师为了提高学生的兴趣，采用听力课放电影的模式，这确实激发了学生上听力课的兴趣，可是如果教师缺乏正确的引导，那么听力课就会演变成电影课，学生的学习效果也是收效甚微的。

（三）母语的干扰

汉语是我们的母语，因而我们在语言的接受上肯定会先入为主。听力训练也难免受母语的影响。学生在听英语时，不习惯用英语直接进行思维，也就是说，不能将英语语音信息直接转化为语言情景，总是习惯于将其逐字逐句用汉语翻译出来，然后再去理解，这就影响了听力理解的速度和效果。

（四）心理的问题

在高中英语听力课堂教学上，教师需要学生的积极参与。有的学生一听说要播放听力，心里就紧张，大脑一片空白，这是心理焦虑紧张的具体表现。有的学生由于英语成绩落后，缺乏自信，产生了自卑心理。缺乏自信的学生在上课的情况下总是感到紧张不安，焦急害怕担心被老师提问，自己回答不出来，或是回答得不正确会被老师批评和同学笑话，并且更惧怕考试，担心不及格。这种长期的紧张状态，导致学生心理压力极大，情绪不佳，也很难提高英语听力水平。

（五）重视的程度

尽管现在很多学生感到英语听力在考试中占的分值越来越多，可是在平时的学习中还是没有引起足够的重视。总是觉得把语法、写作等一些知识学好了，也可以考高分，甚至有的高中生把听力当成阅读理解来做，认为可以进行主观猜测说不定还能猜对几道题。这种对听力不重视的心理因素使一些高中生在听力教学中和测验中存有侥幸心理，直接影响了听力水平。如果时间长了，猜中的概率很低，已经影响了英语的整体成绩，到那时他们就会对听力产生恐惧感，形成严重的心理障碍。

（六）听力的习惯

一些高中生没有养成良好的听力习惯，不知道听力主要考查的是什么。在听的过程中，学生往往因一个单词、一个句子听不懂，就停下来苦思冥想，结果也影响了后面的听力内容，从而影响了听力效果。实际上，听力的目的不在于把每个词、每个句子都听懂，而在于听懂文章大意，明确主要内容。因为即便你听懂每一个词，也不代表能理解一句话；即便你听懂每一句话，也不代表能理解一整段；即便你听懂每一段，也不代表能理解一整篇。所以，学生要充分认识这个问题，明白听力训练注重的不是逐字逐句地听，而是把握文章的主题和内容。

（七）听力的环境

听力环境对听力教学也很重要，有的高中听力设备陈旧老化，教室外有噪声，有的学生离音源过近或过远等，这些因素都会影响到学生的心情、学习的兴趣和信心。英语教师应该尽可能地创造条件，比如去语音室，或者运用多媒体，安排一个良好的听力环境，帮助学生克服心理障碍，提高英语听力教学的水平。

（八）教学的计划

在听力教学中，教师应该对不同学期、不同阶段学生应达到的训练目标有一个合理、科学的规划，并进行系统的安排，这样在教学过程中才不至于盲目、没有方向。高中生的听力能力不仅受到自身因素的制约，也和教师的教学计划有很大的关联。过易或者过难、过于分散或者过于集中的计划安排都会影响到学生的注意力和积极性，进而产生负面影响，降低听力教学的水平。

（九）时间的安排

时间安排不合理主要涉及两个方面：一方面是学校对于听力教学不重视，另一方面是教师的时间安排不合理，这两种因素都会导致听力教学的时间安排不充足。如果是学校不重视，那么在做教学计划时，分配给听力课的课时就不充分，也就是说把高中听力教学放在了从属地位，学生的听力也就很难在不充足课时的情况下得到提高。如果教师对听力教学的时间安排不合理，有可能会造成集中训练时间过长，训练模式单一，大多只是听一两遍录音，对对答案而已。互动式教学不突出，课堂气氛不活跃，学生容易产生疲劳感，听力课的效果也会下降。

（十）教的选择

教师在选择听力教材时，要针对高中生的学习程度、学习内容、学习目标的不同进行严格的挑选，使听力教材在内容上、目标上既有针对性、提高性，又有巩固性、衔接性。另外，听力教材在内容的选择上要新颖、多样化，调节不同学生的兴趣爱好。

四、基于信息技术背景的高中英语听力教学模式与原则

（一）高中英语听力课堂的教学模式

长期以来，听力一直被置于语言教学的首位，特别是在听说教学法出现之后。然而，在实际的高中英语听力课堂教学中，很多教师依然习惯于采用传统的听力教学模式，即放录音—做练习—对答案，只是将听力教学作为其他课堂活动的跳板，听力活动的真实性、学生学习的主体性、听力教学的过程性和交际性等都没有得到很好的体现，这在很大程度上阻碍了学生综合运用语言能力的提高。在这种情况下，教师有必要了解听力教学的基本模式，从而实施有效的高中英语听力课堂教学。

1.文本驱动听力教学模式

文本驱动听力教学模式强调语言知识在整个听力理解过程中发挥的作用。该模式认为，学生理解口头语言的过程是一个从部分到整体对语言进行线性加工的过程，也就是对构成单词的语音信号构成短语或句子的单词、构成连贯语篇的短语或句子进行切分和理解的过程。

因此，在进行高中英语听力理解训练之前，教师要安排相当程度的微技能训练以及词汇、语法知识的教学帮助高中生扫除听力理解过程中的语言知识障碍。概括来讲，其教学内容包括：语音练习，如最小语言单位练习、重读训练；单词、短语语音解码；词汇句法结构的训练等。但在有些情况下，即使在听力过程中没有语言知识障碍高中生仍无法理解听力材料，因此从某种意义上说，文本驱动听力教学模式作为培养高中生听力技能的一种手段存在其自身的缺点和不足。

2.图式驱动听力教学模式

图式驱动听力教学模式是针对文本驱动教学模式的弱点提出的，它侧重激活学生已有的关于听力材料的图式知识，强调有关听力话题的背

景信息及有关说话者的意图、态度等信息。图式驱动听力教学模式是基于图式理论提出的，以下将对图式理论及其在英语听力教学中的运用进行详细介绍。

（1）图式理论与听力理解

图式听力理解模式是在"信息处理"模式的基础上得到进一步发展的。"信息处理"主要涉及"自上而下"和"自下而上"两种处理方式。"自下而上"是由刚进入认知理解系统的具体信息启动，这些具体信息用来激活最具体、最底层的图式，因此理解过程也从最具体、最底层的图式的示例化开始，即从具体到抽象、自下而上进行，以高层次或较为抽象的图式的示例化或形成而结束。具体到英语听力理解中，余雪芳认为，"自下而上"模式指的是通过提高对音素、词汇、句法和语法的解析来确定单词、句子以及篇章的意思，是一种从部分到整体的认知法，它要求学生要能辨别语音语调，弄清楚单词或词组的意义，理解句型和语法结构等。

与之相反，"自上而下"是指从高层次的图式和背景知识开始，以它们来预测、推测、筛选、吸收或同化输入信息，并以形成抽象化的结果结束，这种"自上而下"的加工过程从所经历事件的一般知识开始又从这些知识所产生的特定预期开始，这种预期实际上是关于感觉信号的性质的某种理论或假说，正是这种预期与概念在指导着各个层次的分析阶段。在英语听力理解过程中，"自上而下"模式是学生运用其背景知识对所听信息进行推断或假设，从篇章层次上对听力材料进行辨认、理解和预测，是一种从整体到部分的认知法。这种模式对学生自身的语言系统知识要求不高，但要求学生具备一定的经验和知识来对所听到的材料进行处理，而如果学生在这两个方面都比较欠缺的话，采用"自上而下"的模式对学生而言就有很大的难度，而且从目前来看，很多学生还不具备对所听内容进行预测的能力。

综上所述，高中英语教师在听力理解过程中，两种信息加工方式在词汇、句法、语篇等不同层面上相互作用，迅速而准确地辨认客体促进主体的听力理解。具体而言，输入的信息激活学生高级水平的图式，高级水平的图式以先前知识或经验为先导，通过运用"自上而下"的加工对全文的主题思想进行搜索，同时学生运用"自下而上"的加工分析听力材料的特征，通过对词义、句子语义进行逐级分析，不断走向高级的加工过程。

需要注意的是，图式中的"预期"结构在高中英语听力课堂教学中同样起着十分重要的指导作用。学生在缺乏直观交际环境的情况下，"预期"对学生的听力理解具有促进作用。"预期"是指学生根据听力材料中所提供的各种"线索"对后续的信息进行推测。高中生在预测听力材料的内容时，开始积极、主动地挖掘自身已有的知识经验，并将其与新输入的信息联系起来。这时，学生的目的性强，能较准确地把握主导信息，从而把非关键信息的干扰减少到最低限度；同时，学生还能对漏听的信息进行补充，协调头脑中的图式结构与输入信息的差异直至整体理解的实现。

由此可见，学生头脑中已存储的知识对他们吸收新知识的方式和运用效果起着关键作用。在高中英语听力课堂教学中，影响听力理解的图式又分为语言图式和内容图式。

（2）图式教学模式的运用

在图式驱动听力教学模式下，高中英语教师不仅要教授新知识，更重要的是激活学生头脑中已存储的知识结构，使新信息更容易被理解和吸收，并融合到已有的图式中，产生新图式，丰富头脑中图式的内容，从而能正确理解和记忆所听的内容。具体来说，教师对图式教学模式的运用应从以下几个方面着手：

第一，掌握语言知识，建立丰富的语言图式。图式理论在宏观上强调背景知识的作用，但在微观上也没有忽略诸多语言因素的影响。语言知识才是一切交际活动的基础。只有熟练地掌握词汇、语法和句型结构等知识，建立起足够丰富的语言图式，学生才能对输入的语言信息进行解码，进而根据上下文线索去激活大脑中已有的内容图式，迅速准确地领悟语篇的意义。

第二，拓宽知识面，充实高中生的内容图式。学生对所听话题的熟悉程度是影响英语听力理解最为显著的因素。为此，教师可以采用"听前导入—听音训练—口头反馈"的教学模式，有效提高听力教学。在听前导入阶段，教师要注重向学生介绍背景知识、提示线索，建立恰当的图式或激活学生已有图式，增加学生对输入材料的熟悉度，缩短学生的内部认知结构与输入信息之间的差距，加速新旧知识的同化或建立关联。

第三，采取适当策略，激活高中生的已有图式。长期记忆中的语言知识和非语言知识对理解至关重要，可以说图式的激活是思维理解的准备阶段。所谓图式的激活，就是指学生利用所接受的某些信息，如文章的标题、关键词等线索，去预测、判断所听材料可能涉及的内容，并据此从图式框架中提取可能适合的相关背景知识。学生如果不能够有意识地利用他们的背景知识和经验，那么在特定的语境中他们就无法理解所听的内容。因此，在高中英语听力课堂教学中，教师要善于引导学生对大脑中储存的知识图式进行选择、整理和加工，充分发挥学生的联想和推测能力，及时激活学生大脑中的先存图式，使学生为更好地理解听力材料做好准备。

3.交互式听力教学模式

听力过程是一个复杂的生理和心理过程，需要学生运用已有的语言知识和图式知识，并采用适当的听力策略，对文本信息进行加工处理，从而理解说话人的意图，达到培养和提高听力技能的目的。基于文本驱动和图式驱动两种听力教学模式的缺点，交互式听力教学模式综合两者的优势，有效利用语言知识和图式知识，开展高中英语听力课堂教学。

所谓交互式课堂教学就是指师生间学生之间进行双向或多向的信息交流。教师主要以组织者的身份，给学生提供尽可能多的任务和活动，引导他们用英语去交流情感、思想和观点，并协助学生解决活动中出现的问题。学生则依靠自己的智慧和创造性，自主学习、合作学习。

在高中英语听力课堂教学实践中，交互式听力训练的操作方式是灵活多样的。严格说来，交互式教学不是一种具体的教学方法，因为它没有固定的教学格式和环节，实际上它是教学方法的指导思想。因此，教师要根据学生的实际情况和需求以及教师自身的特点，选择最合适的交互活动和教学方法。一般来说，采用交互式听力教学模式应注重以下几个方面。

（1）多方位互动

高中英语听力课堂中的交互活动是多方位的，有师生互动，也有学生互动；有教师与全班学生互动，也有教师与个别学生互动；有两个学生互动也有小组互动。比如，在引入听力话题时，教师可以提供图片等书面材料让学生讨论，也可以用提问的方法引起学生思考；在核对答案时，教师可以直接提问学生，也可以让学生之间相互对答案，然后要求学生带着同伴的不同意见再听一次材料。这样做，学生会对理解不当之处引起特别注意，再听材料时就能有的放矢。

（2）多层次互动

高中英语听力交互学习中，学生进行意义协商、互相交流的重点可以是发音、用词句法、语法等方面的知识，也可以是文化背景知识、个人经验等内容。这一过程既涉及自下而上的听力理解，也涉及自上而下的听力认知知识和技巧。例如，在听力开始之前，教师可以引导学生以小组活动的形式讨论各种类型的环境污染，帮助学生增加相关的词汇量，同时纠正发音，为理解有关环境污染的听力材料做好准备。在听完材料之后，教师组织学生互相介绍听力材料过程中所使用的方法和技巧，以达到取长补短、互相学习的目的。

（3）多形式互动

高中英语听力课堂教学中的交互活动形式多样，教师要善于运用不同的交互活动来开展听力教学。从组织形式来看，交互活动可以通过教师讲演、小组讨论、双人作业等形式开展；从任务形式来看，可以通过口头表达、自由讨论、辩论、竞赛、游戏等形式进行；从学习形式来看，交互活动可以融听、说、读、写于一体，综合培养学生的英语语言运用能力。经过精心安排后，形式多样的交互活动会使枯燥沉闷的课堂气氛变得生动活泼，从而激发学生的学习热情，提高学生听力学习的主动性和积极性。

4.PWP听力教学模式

PWP听力教学模式由听力前阶段、听力中阶段和听力后阶段三个阶段组成。这种听力教学模式重视背景知识在听力理解中的作用，并利用听前阶段和听中阶段有效地提高高中英语听力课堂的教学效果。

（1）听力前阶段

听力前阶段教师的主要任务是帮助学生建立新图式或激活学生头脑中已有的图式，通常采用预测、头脑风暴、提出问题、发现活动等方法，帮助学生确立听力目标、激活背景知识、展示话题、激发学习动机、训练相应的语言和语音微技能。例如，为了弥补课堂环境中语境的缺乏，在听力前阶段，教师可以为学生提供与听力材料相关的背景知识，目的是激发学生的图式知识，以便更好地理解听力材料。

（2）听力中阶段

听力中阶段是听力教学中的关键阶段，这一阶段以信息理解和技能训练为主，教师要培养学生学会使用相关的听力技巧和策略，便于学生对材料的理解和记忆。此时学生需要高度集中注意力来处理相应的语言信息，因此这一阶段也是教师最难以控制的阶段。在这一阶段，教师可以采用丰富多彩的教学活动，达到理解信息和训练技能的目的。比如，教师可以要求学生根据听力信息对相关内容进行排序，根据听力信息填空、绘制图片或表演相关动作等活动。一般来讲，听力任务的难度在很大程度上取决于教师要求学生根据听到的信息完成任务的方式。

（3）听力后阶段

听力后阶段是巩固所学知识的阶段，学生应用学习到的知识和技能评估听力效果，通过听后说、听后写、听后填表、听后进行创造性的语言输出等方法，达到巩固听力信息和技能的目的。需要特别注意的是，这个阶段的练习活动应以测试学生对听力材料的理解为主，而不是考查学生的记忆。如果听力材料过长，学生就有可能忘记前面听到的内容。通常情况下，教师可以采用开放式的问题来引导学生进行小组讨论，猜测说话者的情绪状态；或者采用推理式问题，引导学生根据听力材料加以判断。

5.任务型听力教学模式

任务型教学模式强调听力学习任务的真实性，通过完成真实的听力任务提高高中生的听力理解能力。通常来说，听力任务可以分为课堂小型任务和课外项目任务。听力任务一般涉及以下几个方面：

列举型任务，如学生听完一段材料后，根据一定的顺序或关系，将听到的有关事实罗列出来。

排序、分类型任务，如让学生听完后把物品、事实或发生动作按时间、逻辑顺序排列；教师也可以把课文图片段落或重点小结的顺序打乱，然后让学生重新按顺序排列。

比较型任务，如要求学生听完材料后对类似的东西、物品等进行比较，找出它们之间的相同之处和不同之处。

问题解决型任务，如学生根据听力材料和已有的知识来解决听力材料和现实有关的问题，分享个人经验型和创造型学习任务。

任务型听力教学模式能够有效培养学生的合作意识和探究精神，并且不断提高学生对听力学习策略的应用能力。任务型听力教学程序包括听力前任务、听力中任务和听力后任务三个阶段。

（1）听力前任务阶段

听力前任务阶段主要是高中英语听力课堂教学中根据听力材料布置听力任务。听前活动的主要任务是帮助学生形成足够的语境知识，激发学生的学习动机。因此，在这一阶段，教师要设计各种听力任务，由浅入深地逐步引入主要信息，激活学生的已有知识图式、建构新图式，这样将有利于学生在活跃的气氛和放松身心的环境中充实背景知识，更好地掌握与主题相关的知识图式。相应地，学生听主题篇章的次数也会减少，听力理解能力自然就会提高。

（2）听力中任务阶段

高中英语听力课堂教学中，由学生集体和个体准备听力任务，并展示成品。这一阶段注重语言的输入与输出相结合。

传统的高中英语听力教学模式是让学生先听一遍录音，做教材上的练习题，然后教师校对答案，之后学生重复听一遍录音。整个教学过程学生完全处于被动接受状态，即认知上的单一输入。克拉申认为，二语习得必须通过理解大量反复出现的输入语，即可理解性输入才能完成。习得者在接触大量易懂的实际语言时，借助交际情景和上下文理解输入语，自然地掌握其中的句子结构，最终实现语言的交际功能。也就是说，话语能力（即有意义的自然输出）是在习得者通过理解性输入达到一定语言能力时自然产生的。因而，对于英语听力教学来说，听、读与说、写同等重要，听力教学的意义在于将听说活动有机地融入一个教学框架内，帮助学生在真实、完整的交际过程中掌握用英语进行交际的技能。

开展任务型听力教学，教师在设计听力任务时，除了要关注教材上有关听力理解的练习之外，也要尽量设计一些问题，引导学生开口说英语。例如，教师可以设计一些细节问题，让学生重复听录音之后口头回答；或是一些文章中没有具体答案的问题，这样的问题有助于学生通过听前的图式建构和听中的信息获取积累背景知识，从而在讨论中有话可说。此外，教师也可以设计一些其他形式的口语练习，以激发学生参与的积极性。

（3）听力后任务阶段

听力后任务阶段是高中英语听力课堂教学中，结合学生听力任务展示所反映的问题进行词汇、语法以及听力策略的专项训练。听后活动的主要任务不仅仅是检查答案，而且应该查找学生存在的问题，针对问题进行相关指导。此外，由于听力材料一般都会包含一些运用语言的良好例证，如建议、邀请、拒绝、道歉等。在听力实践后，教师可以让学生回忆这些表达方法，学习使用它们。

（二）基于信息技术的高中英语听力教学原则

听力能力是理解和吸收口头信息的能力。在语言学习活动中，学生正是通过这种领会能力，输入大量的语言材料，促进说、读、写等其他语言技能的发展。近几年来，高中英语教学改革不断推进，许多教师加大了听力训练的力度，但依然收效甚微。下面，笔者介绍一些听力课堂教学的原则，以期为当前的高中英语听力课堂教学提供一些借鉴。

1.激发学生求知欲原则

求知欲能够促进学生产生积极、主动、强烈的学习兴趣，促进听力教学的顺利开展。因此，在听力教学过程中，教师要以学生为本，选取内容丰富的英语听力材料，激发学生的求知欲。例如，教师可利用现有英语听力教材所提供的课文和对话材料以及考试题型，开展学生的基础听力训练，并适当选择拓展兴趣型的听力材料，比如涉及礼仪社交、饮食营养等方面的材料；涉及英语语言文化背景知识的材料，如关于欧美国家社会制度、风土人情、民俗习惯、人们的思维方式和价值观念等方面的材料；经典英文歌曲和英语原版经典电影材料。通过纯正的英语及电影中精彩的表演，来激发学生学习英语的兴趣；借助 VOA 和 BBC 的英语节目材料，让学生关注世界综合新闻，了解英语国家的风俗文化。

需要强调的是，英语教师在选择高中听力材料时要综合考虑高中生已有的语言知识和能力、高中生的心理和生理发展水平以及学生的认知规律。

2.由浅入深、循序渐进原则

在高中听力课堂教学中，教师要由浅入深、循序渐进地对学生进行引导，从而使每个学生都有不同层次的提高，学会一些方法技巧，体验到学习的成就感。从听力材料的选择上来讲，教师在听力教学之初，应尽量选择那些发音清晰、连读、弱读现象少且语速适中的材料。随着教学进程的推进，教师可以在各个方面提高听力材料的难度。在具体教学过程中，教师可在听第一遍之前引导学生整体把握听力内容，提出一些具有概括性的问题；听第二遍之前，教师可以围绕教学重点提出一些探索性的问题。需要注意的是，听前提问要求教师以课文内容的先后顺序为主线进行逐级提问。听完材料之后，教师可通过急问抢答的方式来训练学生思维的敏捷性和灵活性。

3.符合交际需要原则

高中英语听力课堂教学的最终目的是能使学生听懂地道的英语并能运用英语进行交际。因此，听力材料应尽量具有真实性、交际性语音，语调真切自然，符合在实际交际场合中的说话标准。在平时的听力教学中，教师应遵循符合交际需要的原则，即坚持用正常的语速说英语，并严格要求自己，力求发音准确无误。此外，听录音是培养听力的行之有效的方法，教师要充分利用各种电教设备，让学生尽可能地多听地道、纯正的英语，并让学生习惯于听不同年龄、性别、身份的人在不同场合的发音。偶尔也可以让学生听一些地道的英文歌曲，以此来提高学生的学习兴趣。

4.丰富听力训练手段原则

在高中英语听力课堂教学中，教师应该根据不同的训练目的采用不同的训练手段。在课堂上，培养高中生听力能力的一个重要途径就是学生听教师和同学讲英语。教师可在遵循由慢到快、循序渐进的原则下，坚持用英语组织听力课堂教学讲解听力材料，并鼓励学生大胆开口说英语，以创造良好的课堂学习氛围。此外，教师还可以根据不同的听力教学目标选择不同的听力材料，并采用不同形式的训练模式。例如，教师可以在听材料之前给学生提一些问题，让学生在听完材料之后用母语作出回答；鼓励学生自由选听各种材料，然后说出或写出所听的内容。总之，教师应尽可能地为学生创造听英语的机会和条件，让学生通过听觉接触大量的英语，逐步发展自身听的能力。

5.注重过程与注重意义教学相结合原则

在高中英语听力课堂教学中，教师要注重教学过程，而不是教学结果；听力教学关注得更多的是听力材料中的内容，而非语言形式，所以要求教师注重意义教学而不是语言形式教学。遵循注重过程与注重意义教学相结合的原则，有利于提高英语听力教学的质量，改善听力教学的效果。

6.分散训练和集中训练相结合原则

分散训练是指在英语听力课堂教学中，让学生不知不觉地接受听力的专项训练。比如，在高中英语听力课堂教学中，教师在讲解例句文章时应尽可能口头完成。这种潜移默化的影响有助于学生听力水平的提高。

何少庆认为，集中训练是指在分散训练的基础上，每周专门抽出1~2课时进行大量的有指导的强化训练，对学生在听力中遇到的具体问题进行专门的帮助和指导。对于读音或者拼写有些相似的单词教师应该进行分散训练。例如，conscious 与 conscience，两个词有相同的前缀，读音也有些相似，对这类词教师应该进行专项训练，以避免学生在听力训练中的混淆。在分散训练的基础上，教师还可以进行短对话以及短文的集中训练，有针对性地抽取听力理解的难点训练学生的听力能力，检验学生的听力水平。

7.分析性的听和综合性的听相结合原则

分析性的听以词组、句子为单位，注重对听力材料的细节内容的把握。分析性的听需要高中生在听材料时抠字眼，例如当听力题中涉及有关时间、地点、数字等问题时，就要求学生在听的过程中对此类细节特别注意并作简单记录。

综合性的听则以语篇为单位。注重对听力材料的整体理解，这种方法可以解决听力题中涉及材料主旨大意、整体思想的理解等方面的问题。分析性的听是综合性的听的基础。通常情况下，听力题往往既涉及对材料的通篇理解，又注重考查细节问题，因此教师在听力训练中就要遵循综合性的听与分析性的听相结合的原则，安排相关的听力训练，培养学生的听力理解能力。

8.理解和反应相结合原则

进行高中英语听力课堂教学中的听力训练时，学生的理解程度如何，要通过观察学生对所听材料的反应来判断。检验学生是否听懂也只有靠作出反应的正确与否来实现。如何帮助学生根据不同材料的具体要求，作出正确的反应；如何提高学生作出准确反应的速度，以及如何依据不同的材料，提出恰当的问题，来准确地检查学生的反应情况，都需要教师在进行听力训练时给予足够的重视。

检查学生反应情况的形式是多种多样的：既可以通过口头的形式来检查，如对问题的简单回答；也可以通过书面的形式来检验，如选择题。虽然学生的反应在很大程度上取决于听懂的程度，但是由于检查反应的方法多样化，学生在回答问题时，不仅先要听懂教师所提的问题，还要具备一定的说的能力。选择题的准确、合理程度在很大程度上影响检查的结果。此外，学生在做选择题时还受到自身理解力、判断力的影响。由此可见，如何实现听懂材料和作出正确反应的有效结合，是相当复杂的问题。

总的来说，在高中英语听力课堂教学中，对于一些专门用来检查学生听力理解的题型，教师要进行一定的练习，使学生能听懂、会答题。

除此之外，多项选择、填空等题型都要加以训练，以便学生的理解和反应同步进展。

9.听说读写相结合的原则

听、说、读、写四项活动，既相互独立，又相互依存，但在多数情况下，几项活动互相结合、同时进行。对于听、说、读、写四种技能，任何一种技能的提高，都能带动其他技能的提高；反之，任何一种能力的缺乏，都会影响其他能力的掌握与运用。因此，在高中英语听力课堂教学中，教师应遵循听、说、读、写相结合的原则，有效、合理地将听力训练与其他技能的训练结合起来，培养学生的听力能力。具体注意点如下。

（1）听说结合

听和说是交际中不可或缺的两个要素，是不可分割的整体。英国学者安德森和林奇认为，应强调听过程中积极的一面，即在教授听力课时，应给学生使用目的语相互交流、表达思想的机会。高中英语听力课堂教学应打破传统的只听不说的教学模式，改为听说相结合的方式。教师在听力教学中要鼓励学生积极参与各种听力教学实践活动，变被动为主动，学生只有听懂了才能说得出。听力训练的过程也是口语训练的过程，反之，口语训练的过程也是锻炼听力的过程，二者是相互促进的关系

（2）听读结合

听读结合一方面能增强学生的语感，另一方面有助于学生将单词音、形、义三者统一起来，减少判断误差。听读结合要求教师引导学生做好听前的预习活动。例如，在听录音之前，教师要提出具体要求，如学完单词、句子后，教师放录音让学生模仿跟读。朗读的材料可以是课文或与课文难度相仿的文章。学生边听边读，不仅可以模仿到地道的语音、语调，还能增强语感，纠正发音错误。在高中英语听力课堂教学中，长期坚持边听边读，听力的输入量随之增大，词汇复现率也随之提高，学

生对于一些常用语也就更熟悉，从而加深了对文本的理解，提高了对语言的反应速度。

（3）听写结合

高中英语听力课堂教学中的听写结合有助于培养学生语义信息输出的能力。听写结合的最佳形式是听写练习，它要求学生在有限的时间内将所听到的内容同步记录下来，这就需要高度集中的注意力和对语言的敏感性。有些情况下，听得懂不一定能写得准确，只有二者结合才能真正提高听力水平。教师在听力教学中要有意识地培养学生的这一能力。

听写结合的训练题型包括：根据所听内容选择最佳选项、根据所听内容填单词、根据所听内容判断正误、根据所听内容回答问题，以及根据所听内容涂色等。由于这种训练难度比较高，在听写起步阶段，教师可以选择一些基本词语和简单句型对学生进行听写训练，随着教学进程的推进，进而听写一些与课文难度相当的材料。

第二节　信息技术融入高中英语听力教学中的应用探究

多媒体计算机辅助高中英语听力课堂教学，使教学的互动性和学生学习的个别化成为可能。多媒体互动式的英语教学适合综合语言课的教学，它不仅具有传统课堂教学模式的优点，还能弥补传统教学模式的许多不足之处。多媒体具有直观性、立体性和动感性的特点，能将大量的知识信息传递给学生，并且不会使他们感到枯燥乏味。易斌认为，多媒体教学的主要目的是因材施教，开展个别化教学，对不同习惯、不同背景的学生采取不同的教学方法和策略。无论是对学优生还是学困生都能提供适应性的学习指导，使他们发挥特长，取得有效的学习效果。多媒体技术作为一种新的教学方式和辅助手段被引入英语听力教学，对听力教学的改革发挥了重要作用。

英语听力技能的提高、各种语言知识的获得与积累，无不依赖于学生自身的参与和实践，并与其他语言技能的发展密切相关、相辅相成。多媒体能够实现以学生为中心的、双向交流的开放式教学模式，改变传统的以教师为中心、单向灌输的封闭式教学模式，使学生能够积极主动地参与英语听力课堂教学活动，有效发挥其自身能动性，提高听力学习兴趣，改进听力学习效果。本节主要分析基于网络多媒体的高中英语听力教学方法及应用。

一、营造良好的听力学习氛围

听是一种交际活动，学习的成败在于学生。因此，在英语听力课堂上，教师应该充分利用网络多媒体为学生营造良好的学习环境。具体来说，教师可以借助以下方式为学生营造良好的听力学习环境。

（一）广播

听广播是培养听力能力的一个有效手段，其具体有以下两个优势：

（1）因为广播节目的体裁和题材都较为丰富，所以教师可以根据不同的教学目的选择不同的广播节目。

（2）广播的主题也十分多样，教师在听力教学中可以让学生听话题节目、流行文化节目和当代名人节目等，这样既能激发学生的学习兴趣，又能弥补听力课堂教学的不足，帮助学生轻松地获取外部世界的信息。

（二）视频

视频一般是指各种动态影像的储存形式；视频还可以指新兴的交流、沟通方式，它是一种基于互联网的设备及软件，用户可通过视频看到对方并听到对方的声音。利用视频开展听力教学，既能让学生听到地道纯正的英语发音，又能看到英语国家人们用英语做事时的面部表情和肢体语言，可有效加强学生对所听内容的记忆和内化，从而激发学生的交际兴趣和热情。

教师在将视频与听力教学进行融合时，应注意合理利用字幕。字幕的设计主要有三种方式：传统方式，即英语声音、汉语字幕；双模式，即英语声音、英语字幕；反向传送，即汉语声音、英语字幕。学生可以通过观看视频，掌握听力材料中的重要情境信息。在英语听力教学中，教师可以选择一些符合学生学习水平的视频材料来开展多种活动。例如，先听后看，听后让学生猜测说话者的动作和表情；先看再听，教师只提供图像不提供声音，让学生看完后给画面配音，然后再提供声音，检查学生配音是否与视频的原声一致；视频听写，教师让学生在听后思考所听内容的言外之意，并以书面形式给出评论。

（三）文学语篇

在英语听力教学中，教师也可以对各种文学语篇进行改编，并加以利用。

教师可以根据作品内容为学生设计各种听力任务，并引导学生积极思考，从而培养学生的文学鉴赏能力，发展学生的批判性思维。此外，因为文学作品中包含多种文本类型，如一部小说中可能包括记叙、描写、说明以及指令性语篇等，适用于培养和训练学生的多种听力技能。教师在课堂上利用文学语篇时，有多种处理方式，如课上朗读、课前录音、利用有声电子书进行听力练习等。

具体来说，教师在选择听力语篇时应注意以下三个方面：

（1）选择难度适中的文本语篇。难度太大，会增加学生的听力负担；难度太小，无法激发起学生的兴趣。

（2）语篇的选择应考虑学生的年龄，确保学生能顺利地理解语篇的主题。

（3）语篇的选择要考虑文化因素。教师在选择语篇时，需要注意文化因素对学生理解的影响，如学生是否有足够的背景知识来理解所选择的语篇，需要给学生补充哪些文化背景知识。

生动活泼、积极主动的课堂气氛具有较强的感染力，容易激发学生的学习兴趣，提高听力学习效果。因此，高中英语听力课堂教学中，教师要善于营造良好的听力课堂氛围，这就要求教师转变角色，做学生学习的启发者、鼓励者，以学生为中心，有效地组织生动活泼的课堂活动。教师还可利用多媒体将整合过的图书音像资料与学生的活动有机地结合起来，组织开展丰富多彩的听力教学活动。除此之外，教师还要多微笑、多表扬、多鼓励，保持亲和力。很多教学实践表明，建立轻松、愉快的学习氛围，可减少语言输入的情感过滤，有效提高学生听力学习的效果。

总之，网络多媒体为英语听力教学带来了极大的便利。教师在利用现代教育技术营造良好的学习氛围时，必须根据教学大纲选择听力的主题和话题，不可仅凭教师或学生喜好进行选择；所选内容可以作为教学大纲的补充，但不能完全脱离教材。

二、培养学生的听力自主决策能力

在网络多媒体环境下，对学生听力自主决策能力的培养应注意以下两点：

1.要求学生学习并掌握获取信息的硬件知识

学生只有掌握了现代信息技术的操作技能，才能实现与教师或者同学通过网络技术的实时交流。

2.要培养学生掌握、搜集、整理、利用信息的能力

学生要能根据教师布置的学习任务，利用现代技术自行搜索、采集信息，对获取的信息进行分析、整理，并充分利用这些信息提高语言能力。此外，学生也应能利用现代技术对自己的学习效果进行评价。

基于网络多媒体的虚拟课堂，学生的角色发生了转变，由原来的被动接受者转为听力理解过程中意义的自主建构者。他们可以用身心感受听力语篇中呈现的各类信息，同时借助网络多媒体将自己的观点与思想传达出来，主动参与学习交互活动，有效提高了自主学习能力。

三、充分发挥教师的主导作用

在网络多媒体背景下，英语听力教学中教师和学生的角色都发生了改变。因此，教师应在听力教学中充分发挥自身的主导作用。

（一）教师与学生角色的转变

1.教师角色的转变

与传统的英语教学不同，在基于网络多媒体的英语听力教学中，教师被赋予很多新角色，如信息提供者、顾问、管理者、学习材料编写者、评价者和组织者等。要扮演好这些角色，教师必须逐渐减少对学生的控制，更应注意对自己知识结构的更新，学习一些新的知识和技能。教师除了要掌握教学内容的逻辑序列、合理安排教学目标之外，还应关注学生的合作学习，在学生学习进程以及协作过程中扮演好规划设计者的角色。

2.学生角色的转变

在网络多媒体环境下，学生不再是听力教学的知识接受者，而是主动参与、发现、探究和建构知识的主体。学生可以根据自身的实际情况设计自己的听力学习目标。

因为当前提倡的自主学习是以学生的主体地位为前提的教师进行指导、学生主动参与的学习，并不是没有教师指导的完全意义上的自学。所以，基于网络多媒体的听力教学设计不应忽视教师的主导作用，否则难以取得应有的教学效果。

（二）发挥教师的主导作用

在网络多媒体环境下，教师发挥自身的主导作用应注意以下几点：

1.教师应充分利用网络多媒体的优势，选择合适的听力材料

网络多媒体技术的运用使听力材料选择的自由度越来越大，所以学生很容易在这里迷失，这就离不开教师适时的引导与帮助。

2.教师应利用网络多媒体技术引导学生学习西方的文化背景知识

学习英语国家的文化知识也是英语语言学习的一项重要内容，因此在网络多媒体背景下，教师在听力教学中要引导学生关注西方国家的文化现象。例如，教师为学生播放一些适合语言学习、符合学生水平的原版电视剧或影片。当学生欣赏完影片后，教师可以选出一些与文化差异有关的话题，并与学生一起讨论，这样可以有效减少因母语文化与目的语文化之间的差异为学生带来的听力焦虑感。同时，教师也应指导学生进行在线学习，当学生从网站下载好资料后，教师应帮助其筛选、归纳、合理取舍。

3.教师应利用网络交互性的特点，合理设计听力教学活动

例如，教师可以利用网络多媒体技术的优势，为学生布置交互任务，题目要与教材有关，要求学生利用网络资源，以学习任务为中心，在网上自由组合并进行交互练习。在此过程中，作为学生学习的参与者、鼓励者和指导者，教师要注意激发学生的学习兴趣，鼓励学生主动思考和探究知识，有效地促进学生对语言知识的掌握，提升语言能力。

四、基于建构主义理论的TBI/（Task -Based Learing）三步活动听力教学模式

基于建构主义理论的TBL（Task -Based Learning）三步活动听力教学模式就是教师根据所听内容确定目标和任务，并采取适当的活动方法，分预听（Pre -listening）、倾听（While-listening）和听后（Post-listening）三步进行，以学生的学为中心，以任务为依托，以活动贯穿于听力教学的全过程，创设情境，巧妙引入，引导学生主动参与、自觉尝试，并根据学生口头和书面反馈的信息适当指导，从而使学生在协作学习的教学组织形式下完成相应的听力任务，掌握英语听力技巧和学习策略，培养学生的兴趣，发挥学生的主动性、创造性，最终达到英语语言知识和意义建构的目标。

现代科学技术在社会各个领域的日益渗透已使学校教育受到强大的冲击。传统的"黑板+粉笔"这种单一的教学媒体已难以适应当今知识更新的社会。因此，在学校教育中引进现代化的教育技术已成为教育改革的趋势之一。

多媒体辅助教学是课堂教学的一个划时代的变革，是营造科学、民主、富有人文精神的课堂教学环境的重要途径。基于建构主义理论的TBL三步活动听力教学模式在多媒体辅助教学的环境下能更好地发挥作用。

（一）教学模式与教学程序

建构主义提倡的学习方法是教师指导下的、以学生为中心的学习。建构主义的学习环境包括情境、协作、会话和意义建构等四大要素。与建构主义学习理论及建构主义学习相适应的教学模式可概括为："以学生为中心，在整个教学过程中由教师起组织者、帮助者和促进者的作用，利用情境、协作、会话等学习环境要素充分发挥学生的主动性、积极性和首创精神，最终使学生有效地实现对当前所学知识的意义建构。"

（二）网络为媒、面授引导、自主学习互动

目前网络与英语课程结合的学习模式不少，如"实践式外语课堂教学模式""对网络模式下动态英语教学研究"等，在此笔者提出一种网络与英语听力结合的模式。

如何才能让学生喜欢听力呢？这个问题值得探讨；学生诙谐地称"网络教育=面授+网上交作业"。面授主要沿用常规课堂的教学理论和方法。网络平台为学生提供帮助的渠道比较多，但学生不积极求助，网络功能和资源没有发挥应有的作用。为什么学生会有这样的感慨呢？通过问卷调查及与学生的交谈发现：

（1）网上资源太多，不知从何入手；

（2）有些同学根本听不懂，就干脆不听了；

（3）听了以后不知是否有效，找不到成就感，失去信心；

（4）一个人听很无聊；

（5）感觉不到教师的帮助等。

找到了问题的根源，就有了解决问题的方向和方法，并在此基础上逐步酝酿教学模式。这个模式就是"网络为媒、面授引导、自主学习"。"导"是指面授的重心由课堂训练转向正确引导学生正确运用网络资源，自主学习，旨在学习方法和听力技能的引导；"主"是指学生明确训练任务和方向后的自主练习，完成培养听力技能的主要活动。"纽带"有三个方面的含义：

（1）答疑解惑的通道；

（2）师生互动的天地；

（3）心灵沟通的桥梁。这一设想重新确立了教师的地位，明确面授与自学的关系，充分利用网络的功能和资源。

（三）具体做法

1.重新确立教师在听力教学中的地位

在建构主义的影响下，教师角色由"教"向"导"转移，在网络环境下变得尤为突出，但教师以何种身份来"导"很重要。如果教师与学生处于同等地位，学生就能感觉到师生利益、目的、感受是一致的，可以相互信任。教师的指导就像朋友给的建议，应该中肯而有技巧，这种"导"是平等的建议，而不是居高临下的指示，教师与学生平等。

2.建立网络听力教学模式的若干环节

建立本模式的环节包括面授、自学、网络指导、监督、互动等。

（1）面授与自学结合

①面授。面授时为学生提供多样的活动内容和形式固然重要，但尤其重要的是发挥其"导"的作用，因此面授的重心需要转移。为更充分发挥面授功能，笔者为听力课进行了全面规划，调整了面授重心。首先是整体规划。一学期的听力训练通常分为几个阶段、若干个主题。以第一学期为例，分为五个阶段，每阶段目标明晰，每个阶段三个主题，各

个主题任务明确。第一阶段是正音阶段，帮助学生克服乡音的负迁移影响。这阶段又分为三个主题：元音辅音和连读、连诵。第二阶段是辨音，要求学生在一串声音中辨别出一些孤立的、内容相关联的单词。其主题是句中辨音、对话辨音和单词发音技巧。第三阶段是短语篇听力训练，要求学生在语流中辨别出短语或句型，听懂最基本日常生活会话。第四阶段是巩固语篇训练，要求学生在语流中辨认出分句或句子，从整体上把握句子。第五阶段是长语篇训练和综合评估，要求学生连贯听懂原始谈话的内容。五个阶段有机衔接，相辅相成。②自学。根据教师的阶段划分，学生制订相应的学习计划。因为学生基础、进度和进步不同，自主学习是缩短差异的重要手段。他们要在面授时提交下阶段的计划，与教师探讨可行性，并获得教师的认可。此外，根据学生的计划布置自学任务是整个听力教学成功的关键。具体做法是：按照难易程度把训练材料分为四个级别。由易而难编排一系列的听力活动，指导学生根据自己的能力有选择性地完成。在同一主题中，学生完成第一级别才进入第二级别，以此类推。此外，为保证学生按计划自学，教师保持对他们的表现进行监控，平时表现按照50%的比例直接计入课程成绩。评判标准是完成第一级别为合格，第二级别为中，第三级别为良，第四级别为优。此外，进步的速度也是考核的内容之一。实践证明，刚开始绝大部分学生不能完成所有四个级别的训练，很多人想放弃。经过一个学期的训练，20%左右的学生完成所有难度的训练，26%完成前三个级别，30%完成前两个级别，16%完成第一级别，虽然还有跟不上的同学，但比例大大减少，普遍都有明显的进步。

（2）多媒体辅助TBL三步活动听力教学模式

多媒体技术将教育信息通过图像、声音、图表、文字等直观形象，生动地作用于学生的感觉器官，使学生在丰富的感性材料刺激下不满足于已有思维成果，产生自主探索的兴趣，渴望以一种多维的方式思考和解决问题。

借助多媒体网络教学环境，基于建构主义理论的听力教学TBL三步活动教学模式结构是：在教师指导下，以学生为中心、任务为依托、活动为中介、英语语言知识意义建构为最终目标、在情境下的合作互动为教学组织形式的教学过程。基于建构主义理论的TBL三步活动教法，从人本主义精神出发，符合人类学习语言的规律和心理学的兴趣原则，是一个不断发展技巧，丰富知识，共同锻炼分析、推理等能力的综合训练和实践的过程。三步之间的关系是相互交融、相互渗透的。活动贯穿于听力教学过程的始终，使主导与主体、教法与学法、知识与能力和谐统一。

（3）教学程序

该模式分三步进行：①预听活动（Pre -listening activities）——听力热身。在听材料前，教师引导学生交谈有关听力内容的话题，可以激活学生头脑中有关图式经验，巩固学生已有的知识点。利用多媒体教学环境设计情境，巧妙导入，可以同化新知识，引导学生利用已有的知识，做好听前预测活动，降低新学内容的难度，增强学生的参与意识。同时，要求学生提前浏览课后练习，为学生提供听的具体任务，让学生知道自己将做什么，为学生完成听的任务提供了听力过程中可追寻的线索，让学生更准确地进行猜测，为学生听时训练做好准备。这一过程体现了"以教师为主导"的教学原则。②倾听活动（While -listening activities）——听时精听。倾听即集中精力全神贯注地听，是听的输入、接收和理解的过程。该活动是在教师指导下学生一边听一边处理练习、增加理解、调整理解率的活动。这一过程体现了"以学生为主体"的教学原则。③听后活动（Post -listening activities）——听力拓展。在听后利用多媒体网络教学系统，采用学生自查、学生互查、教师抽查和小组活动等多种协作互动的形式进行教学反馈，核实听力预期目标是否实现；并在此基础上，教师利用PowerPoint，扼要讲解听力语篇中的特殊结构、语言难点和理解疑点。同时指导学生掌握弱读、连读、变音等语音语调知识以及推理、判断技能。听力拓展是巩固与记忆、运用与交际的过程，即活用所学听力语言材料于实际交际或模拟情境中的综合运用。这一过程体现了"以培养技能为主"的教学原则和"坚持交际性"的教学原则，其最终目的是实现英语语言知识意义建构。

3.实际应用与效果分析

多媒体辅助教学环境下的TBL三步活动听力教学，借助多媒体设计的课件能营造由声音、色彩、图像、文字等组成的立体的生动活泼的课堂教学情境，激发学生的学习兴趣，引起学生内在的学习动机，并大量进行教师与学生、学生与学生之间的交际活动。该软件突出的表现力和重现力，有利于教学过程中的观察思考、分析、讨论和讲解，并可及时根据学生的反馈适当调整内容和方法，以实现双主体教学原则。以下，以高中英语必修一第四单元Earthquake（人教版）为例浅谈听力教学。

本单元话题为"地震"，主要描写了1976年的唐山大地震，各项语言活动也都是围绕地震展开的。本课为第一课时，笔者把Warming-up、Using Language 中的 Listening 和 Workbook 中的 Listening Task 整合成一节课，因为在语言学习环节中，它们是语言知识和文化意识的输入过程，并以"地震"为主题来进行听说训练。

五、案例分析

（一）预听活动——激活教材、激发兴趣、引导预测、明确任务

1.抓住话题——引入知识点

播放从网上选取的视频"汶川地震的100个瞬间"，教师引导学生：To say as many natural disasters as possible. 提出问题：what will happen before an earthquake. 引导学生直接进入了本节课的主题，并产生了兴趣。与学生进行交谈：how would you feel if your houses were suddenly destroyed without warning. In pairs make a list of useful adjectives to express feeling. 播放一段有关地震的视频，让学生用形容词说出对地震的感受。引导学生积

极参与话题讨论，充分激发学生的学习积极性和合作意识。

2. 情景设问——同化新知识

利用多媒体播放一段一名记者采访1906年美国旧金山大地震幸存者的材料，让学生判断句子的正误并给出理由，并且根据录音回答问题。Listen to an interview of a survivor of the great San Francisco Earthquake of 1906. Do Exercises 2 and 3 on Page 31. 学生能在短期内获取大量的信息，提高通过听力获取信息、处理信息和解决问题的能力。

3. 浏览练习——明确任务

继续播放幻灯片，并提出问题：What will you do to keep safe if there is an earthquake?Please give us some advice that you think is useful to keep safe. 让学生分小组讨论如何在地震中自救并且给出理由。学生完成pair-work后，教师给出听力任务：Listen to the tape on Page 66, and get the general idea of the dialogue.Listen again and fill in the blanks with the information you have heard. 让学生再次听材料，获取听力材料大意并完成问题：What can we do to keep safe if there is an earthquake? 学生能够在短期内获取大量的信息，提高通过听力获取信息、处理信息和解决问题的能力。

（二）倾听活动——输入、接收、理解、检查

通过上述听力练习，使学生心中有数，听时有所侧重，知道应该抓住哪些信息，知道自己将要做什么；让学生带着任务去听，可消除学生的畏惧情绪，为听时训练做好准备。这时告诉学生：Now listen to the tape for the first time to pay more att-ention to the words about how to avoid deaths and loss in an earthquake. 学生听完第一遍，要求学生Check the answers to the first exercise in Paris. 接着让学生听第二遍，屏幕上显示：under the table bottom；far away the big cargo exhibition hall；far away the glass；do not return to in the building 等语言知识，学生在听的过程中，引导学生将注意力集中到有助于理解的关键词句上，对所听材料不仅仅从内容而且从语法、词汇以及语言诸方面作进一步的倾听。

（三）听后活动——拓展、巩固、提高、评价

在听力拓展环节，通过网络技术用视频播放从互联网上下载的歌曲。播放视频英文歌曲 *Heal the World*（拯救地球），Ask students to enjoy the song Heal the World by Michael Jackson.让学生认真听歌词，并能理解歌词的含义，让学生用英语评价这首歌。在歌声的渲染下，升华了本课的主题，突出了明暗两条线，即明线达到操练学生听说技能的目的，暗线传达情感策略，进行人文主义教育。

（四）特点与优势

多媒体教学能提供丰富多彩、生动活泼的动画和多种反馈方式，而且图形变化多、速度快，拓展了英语教学内容和空间；能为学生提供一个良好的视觉、听觉和交流语言环境，有利于开展较为真实语境的交流活动；能让学生有充分的空间进行思维活动，有效地优化课堂教学的同时为提高教学质量，起到了以往教学手段无法比拟的作用。

1.特点

基于建构主义理论的TBL三步活动听力教学模式具有重自主、重环境、重协作、重实践、重创新等特点。①"重自主"就是充分调动学生的主观能动性，充分发挥学生的主体意识，让学生主动自觉地去学习。②"重环境"就是要为学生创造一个良好的活动空间和相互交流的氛围。③"重协作"就是学习任务和学习活动都是在合作互动的组织形式下完成的。④"重实践"就是强调学生协调使用多种感觉器官，用眼、用耳、动脑、动嘴、动手，有条件的还可上机实践，让学生在实践中亲自去探索、去体会。⑤"重创新"就是要充分利用现代教育技术的优势，通过多种手段注重培养学生的创新意识。

2.优势

多媒体辅助TBL三步活动听力教学模式的优点是利用现代化教学手段进行教学活动，将教学目的和内容与实现教学活动的策略、手段乃至教学的过程用电脑体现出来，并使之成为可运行的程序。这既有利于激发学生的学习兴趣，开发学生的思维能力，也有利于扩大课堂知识的容

量，开阔学生的视野。既可让学生多角度、快节奏、全方位地认识教学内容，还可以由学生自行操作提高学生的学习兴趣，增强学生的参与意识，让学生体会学习方法，实现以学生为主体的探索式教学。

（1）提供探索式学习的情境和资源，从根本上改变学习方法

多媒体教学手段有着比传统教学手段更直观的优越性，多媒体集实物展示、投影、录音、录像、动画、文字等为一体，让教学内容以音频、视频、文本等形式有机地结合在一起，从而让学生进入一个宛如身临其境的全新知识境界。

如今的学生可以依靠媒体自学，教师作为媒体的制作者站到了幕后，这不能不说是学习方式上的根本性改革。学生可以根据自己的需要选择不同的学习内容，然后通过各种媒体或程序（如电脑）来展示，甚至对一些重点难点（如语法、语言点、语篇意义的解释，难句子结构分析）进行反复学习巩固，进而加深理解。但值得一提的是，无论科技发展得多快多高，永远不可能完全排斥教师对于学生面对面的教学。

（2）激发学生的学习兴趣

充分调动学生的学习积极性。多媒体教学作为一种新型的教学方式，以其直观性、形象性和生动性给学生以真实感、立体感以及身临其境感，能有效地吸引学生的注意力，充分调动了学生学习英语的热情，勾起他们强烈的求知欲。运用媒体教学，本身就改变了以往学生无论上什么课都只能面对同一个教师的单一模式，而是让媒体打破他们感官的平衡，并对感官的活动具有强制的作用。

（3）加大教学密度，缩短教学时间

提高教学效率。运用多媒体进行教学，可以将教材按要求重新组合，增加课堂信息传输量，加大教学密度，同时充分调动学生动口、动脑、动手，使学生积极思考和参与其中，加深学生对知识的理解程度。这样，以教师为主导、学生为主体、媒体为中介的整个课堂系统运转起来，教学质量和效率也大大提高了。

（4）加强媒体组合，强化艺术感受

提高英语语言素养。英语课一方面必须让学生掌握一定的语言文字知识等理性化东西，另一方面要用适当的手段使学生充分体会文章所包含的文学性、艺术性等感性方面的东西。英语教学本身就是科学性与人文性的结合。多媒体教学恰恰为人们提供了有利的条件，使英语课将知识性与文学性巧妙地统一起来。

总之，多媒体辅助英语听力教学，有利于学生自主学习，只要教师善于设计，善于组织和引导学生，让学生在语言实践活动中主动探索、积极思考，让学生在做中学、学中做，就可以充分发挥学生的主观能动性，调动学生的学习兴趣，激发学生的想象力与创造欲，顺利地建构学生的知识结构。

第五章　信息技术与高中英语阅读教学深度融合的应用研究

第一节　信息技术与高中英语阅读教学深度融合的概述

阅读作为学生语言学习的基本技能之一，不仅能让学生获得信息和乐趣，还是学生巩固和拓展知识的重要途径。随着世界经济全球化的发展，英语作为国际通用语言的地位越来越高，因而阅读技能的研究和教学，自然也就成了人们关注的焦点。关于阅读过程及阅读教学策略的研究，在此背景下也就越发显得突出。

一、阅读教学的目标和内容

阅读是一个积极主动地思考、理解和接收信息的过程，是一种复杂的智力活动。它包含两个不同的发展阶段，即辨认文字符号的感性认识阶段和理解内容、吸收信息、创造性思维译码的理性认识阶段。高中英语阅读教学的目的主要是培养交际性阅读能力，有效地获取书面信息，并对此信息进行分析、推理和评价，以实现交际的目的。

（一）阅读教学的目标

《普通高中英语课程标准（2017年版2020年修订）》对高中英语阅

读的教学目标确定了相应的标准，具体内容如下：普通高中英语课程的总目标是全面贯彻党的教育方针，培育和践行社会主义核心价值观，落实立德树人根本任务，在义务教育的基础上，进一步促进学生英语学科核心素养的发展，培养具有中国情怀、国际视野和跨文化沟通能力的社会主义建设者和接班人。

基于课程的总目标，普通高中英语课程的具体目标是培养和发展学生在接受高中英语教育后应具备的语言能力、文化意识、思维品质、学习能力等学科核心素养。

语言能力目标：具有一定的语言意识和英语语感，在常见的具体语境中整合性地运用已有语言知识，理解口头和书面语篇所表达的意义，识别其恰当表意所采用的手段，有效地使用口语和书面语表达意义和进行人际交流。

文化意识目标：获得文化知识，理解文化内涵，比较文化异同，汲取文化精华，形成正确的价值观，坚定文化自信，形成自尊、自信、自强的良好品格，具备一定的跨文化沟通和传播中华文化的能力。

学习能力目标：树立正确的英语学习观，保持对英语学习的兴趣，具有明确的学习目标，能够多渠道获取英语学习资源，有效规划学习时间和学习任务，选择恰当的策略与方法，监控、评价、反思和调整自己的学习内容和进程，逐步提高使用英语学习其他学科知识的意识和能力。

教师应参照相应的教学目标，在具体的教学过程中把握教学宗旨，调整教学内容，并在此基础上进行一定的拓展和延伸。

（二）阅读教学的内容

阅读教学的内容包括培养学生的各种阅读技能，大致包括以下十二方面：①辨认单词；②猜测陌生词语；③理解句子之间的关系；④理解句子言语的交际意义；⑤辨认语篇指示词语；⑥通过衔接词理解文章各部分之间的意义关系；⑦从支撑细节中理解主题；⑧将信息图表化；⑨

确定文章语篇的主要观点或主要信息；⑩总结文章的主要信息；⑪培养基本的推理技巧；⑫培养跳读技巧。

二、高中英语阅读教学中存在的问题与现状

（一）高中英语阅读教学中存在的问题

1.教学观念上的问题

许多教师重视对知识的传授，轻视对阅读理解能力的培养，在阅读教学中，教师往往是讲解生词、逐句逐段分析，然后对答案，没有培养学生的阅读理解能力。事实上，阅读是语言技能的一部分，高中生阅读能力的培养有助于学生提高分析思考以及判断能力，拓宽视野，激发学习兴趣，提高人文素养，进而提高学生的综合语言运用能力，因而有必要对该问题引起重视。

2.教学方法上的问题

目前的教学方法没有很好地体现高中英语课程标准，突出高中生的主体作用，使得学生没有参与的热情，很难使学生形成良好的阅读习惯。尤其是在学校教研氛围不浓、教师对阅读教学研究不够、实践也不多的情况下，很难形成科学有效、易操作的教学方法。总的说来，由于教学方法单一、陈旧，很难激发学生的阅读兴趣，于是学生的阅读能力也很难得到提高。

3.课程设置上的问题

虽然阅读是高中英语教学中的一部分，然而无论是教材还是课程设置上都存在着问题。小学的教材偏重词汇，中学的教材偏重语法，大学的教材偏重阅读技能的训练，这三个阶段各有侧重点，然而教材的连贯性却没有做到位，缺乏必要的过渡。另外，高中英语阅读教学缺少明确的教学目标和教学计划，并且在课时、师资以及教学组织上得不到必要的保证，从而影响阅读教学的效果。

（二）高中英语阅读教学现状

纵观我国阅读教学的现状，阅读教学的开展并不尽如人意。以中学英语阅读教学为例，目前很多中学教师仍然没有确立新的教育观念，他们仍然把学生当作接收器，没有把学生看作教育的主体。有的教师未能体会到英语阅读过程的本质和英语阅读教学的真正目的，缺乏正确的教学目标和教学方法。有的学生在英语阅读方面没有取得预期的进步，导致对英语阅读失去了兴趣和信心。具体地说，主要表现在以下五个方面。

第一，教师在阅读教学目标上只注重知识的讲授而忽视对学生实际能力的培养。有的教师在阅读课上仍然以教师讲解、学生记笔记为主。大多数学生在阅读课上只是听众，形成了教师代替学生读的现象。并非所有的教师都非常清楚阅读的目的及阅读在中学英语教学中的作用。有些教师往往只把课文当成一篇语言材料来对待，没有认识到课本的双重功能，课本的双重功能即学生一方面可以通过课文学习英语语法、词汇、句型，另一方面可以提升英语阅读的技巧。

第二，在教学过程中，学生的主体地位得不到体现。他们没有主动地参与阅读，而是被动地充当听众。在这样以教师的讲解为主的课堂上，留给学生发挥其主动创造性思维能力的时间十分有限。教师在课堂上所进行的过多的讲解和分析孤立的词汇、结构，在某种程度上会使学生将阅读看成对印刷符号的解码，从而导致他们将词汇结构作为理解的唯一前提。长此以往，会极大地助长学生的惰性，使其产生严重的依赖心理，造成学习兴趣的递减，并且日益陷于一种被动的学习状态中。如果不从根本上改变这种状况，必然会导致大多数学生缺乏独立思考的能力以及缺乏自我发起课后阅读的动力，还会使其难以运用阅读策略加工处理信息。

第三，在阅读教学中，教师流连于词汇、语法的孤立讲解所带来的另一个负面影响，就是其忽视了学生跨文化交际能力的培养与发展。就算有对跨文化现象的解释，教师的做法通常也是把文章中出现的所有异文化现象罗列出来，提醒学生注意并反复解释。这样一来，学生可得到的只是一些支离破碎的印象，一旦遇上新的问题便会束手无策，也会无法理解。

第四，许多教师不了解学生的身心发展情况及各个年龄阶段学生学习外语的特征。在教学的过程中，有些教师只重视自己教的感受，却忽视了学生学的心理及他们的自我体验。知、情严重脱节，也是中学英语阅读教学中存在的一个大问题。

第五，许多教师没有意识到信息浪潮对教育的冲击，没有接受新的挑战，重塑自身的角色。同时，没能培养出良好的信息素养，更不具备选择、加工、处理信息的能力，失去了利用网络技术优化英语教学课堂的机会。

在网络技术条件下，教学工作中心已由教师的"教"为主转变成以学生的"学"为主。教师必须以教育技术的系统观念和教学设计思想去分析学生的特性，设定教学模式，设计教学方式，以及准备教学材料以完成教学过程。教师不应只是课程的设计者，教学信息的制作、加工、处理者，学生学习的指导者，教育、教学的研究者，还应该是不断接受新知的学习者。现代网络技术为教师施展才华提供了契机。如果他们不把握住这一历史机遇，就会成为时代的落伍者。

三、影响学生阅读能力提高的因素

阅读是一个感知过程、解释过程和理性思考过程，它起始于作者将信息编译成语言的表层体现，终止于读者建立起来的意义。同时，阅读又是一个复杂的认知心理过程，它的复杂不仅在于对字母、词语的认知，还在于它涉及语言因素以外的诸多其他因素。一般说来，影响高中英语阅读的主要因素有以下几方面。

（一）背景知识

背景知识不仅指文化背景，还指人们掌握的各种知识，包括语言知识本身及已有的各种生活经验、经历。缺乏必要的背景知识是造成阅读困难的主要原因之一。丰富的英语社会文化知识，对提高英语阅读能力有很大的促进作用；反之，背景知识的缺乏会造成阅读理解的困难或误解。在英语阅读过程中，学生应该学着运用上下文及背景知识来印证理解相关的语言信息。例如，在理解 The eagle always flew on Friday 这样一句话时，就必须利用相关的背景知识，如果单从字面上去理解，就是"老鹰通常周五都飞来"。联系上下文，发现这样的翻译在文中没有任何意义。对这句话进行分析之后就会发现，eagle 是美国的国家象征，因为美国钱币上大都印有"鹰"的图案，由此可推断 eagle 喻指美国钱币，进而得出该句是 Payments were always given on Friday，从而达到正确理解。因此，高中教师要鼓励学生进行广泛阅读，并提供多种适合学生阅读水平和兴趣的英语阅读材料，增加阅读量，让学生多了解英语国家的背景知识。

（二）词汇掌握

一般说来，词汇量的大小预示着阅读能力的高低，因为词汇量的缺乏是构成阅读困难的首要原因。可以说，有阅读困难的高中生大多缘于词汇量的狭窄。可见，阅读能力的提高离不开词汇的扩充。

（三）语法知识

学生语法基础知识不扎实，也是造成阅读困难的原因之一，特别是遇到长句、难句或者陌生的句法结构时，同样会影响阅读。

（四）阅读策略

阅读策略是有效阅读的保证，不能正确运用阅读策略就很难在规定的时间内完成阅读任务，从而影响阅读的质量和数量。

（五）学生兴趣

兴趣可以激发学生阅读的欲望，可以加深读者对材料的理解。因而，教师在阅读材料的选择、过程的监控以及阅读的评估上都要考虑到学生的兴趣，保证高中英语阅读教学的有效开展。

（六）阅读心理

阅读心理障碍也是影响高中英语阅读教学的重要因素。由于学习的是第二语言，因而学生在阅读过程中往往注重的是词汇、语法等知识的学习，并且习惯于词语、句子有对应的翻译，否则就没有安全感。这就进入了一个误区，因为阅读教学的目标不是对词汇、语法的研究，而是获取信息。这种阅读心理阻碍了阅读能力的发展，不仅阅读速度慢，而且不能把握文章的命脉，易忽略整体的领略，缺乏宏观的阅读思维能力。教师在阅读过程中要注重培养学生树立整体篇章概念和速度效率概念，才能克服教与学过程中的不良习惯。

（七）阅读习惯

学生不良的阅读习惯也在一定程度上影响了阅读教学。比如，有的学生喜欢用笔或手指着阅读，有的学生喜欢在心里默读或者唇读，还有的学生喜欢不断回头重复阅读过的内容。这些不良的阅读习惯不仅费时费力、影响阅读速度，而且还会直接影响到连贯思维，进而阻碍理解。教师要帮助学生克服各种不良阅读习惯，可以经常进行限时阅读训练，努力提高阅读速度。

（八）思维习惯

人们在学习第二语言时，总是习惯于母语的思维习惯，因而很多学生在英语阅读过程中，或多或少地运用着母语的思维习惯。事实上，中、英文在文化方面的巨大差异，也导致了两种语言在遣词造句上的不同。中文句式的表达特点是重要信息在后，而次要的描述性信息在前。而英文句式的表达特点正好与之相反，是重要信息在前，次要信息在后。高中生如果能够掌握这种差别，就可以在阅读中适当分配注意力，从而提高阅读效率。因此，高中英语教师的教不应仅仅局限于语言知识的讲解，还应注重跨语言文化的思维训练。

四、信息技术背景下的高中英语阅读教学原则

教学原则是指教学中必须遵循的规律，它具有纲领性和指示性的特点。基于计算机网络的中学英语阅读教学具有自己独特的原则和策略，这些原则和策略指导着教师的思维和行动。

基于计算机网络的中学英语阅读教学原则是指在利用计算机网络进行英语阅读教学时必须遵循的规律。它对计算机网络资源的选择、教学软件的设计、教学过程的控制及教学结果的评价具有指导性的作用。它涉及教学过程的方方面面，这里借鉴斯波尔斯基和斯特恩两位美国语言学家的观点并结合计算机网络教学的特点构建了基于计算机网络的中学英语阅读教学的原则。

基于计算机网络的阅读教学应从以下三个层面体现其原则：一是教学本体层面；二是教学方法层面；三是教学实践层面。本体是指教什么内容；教学方法是指用什么方法去教和采用什么教学手段；教学实践是指教学过程中语言交际和技能的培养。

1.教学本体层面

（1）学习者中心原则

学生是学习的主体，是阅读教学的主要组成部分，教师在教学过程中应让学生积极地参与到教学中来，按照学生语言输入的规律组织语言交际。教师应当创造相适应的教学环境、气氛，设计相适应的教学软件帮助学生进行信息的加工和知识的建构。只有真正使学生成为学习的主人，教学才能有效进行，教师和学生、学生和学生之间的互动才会实现。

（2）目的性原则

基于计算机网络的中学英语阅读教学要让学生从阅读材料中获取自

己想要的信息，理解文章的主旨、作者的写作意图；学会自己分析一些较难的句子结构；选择正确的阅读策略和养成良好的阅读习惯。这就决定了阅读教学中应着重培养学生实际运用语言的能力，教学材料不要脱离学生的生活实际，不要过难，而应选择一些接近生活、充满交流、信息量大的文章。教师在课前就应清楚这节课的教学目的、需要达到的目标、学生应该完成的任务，在课堂上还应不折不扣地执行这些教学要求和目的。

（3）针对性原则

基于计算机网络的中学英语阅读教学应有针对性，利用网络进行阅读教学应是课本教学的补充，不能喧宾夺主。对于课本中知识含量大、传统课堂教学无法解释的知识，可以利用计算机网络进行教学。例如，课本中的文化背景知识可以通过互联网让学生自由浏览，以扩大学生的知识面。

（4）选择性原则

基于计算机网络的中学英语阅读教学最容易犯的错误就是学生容易"跑题"，他们会浏览一些与教学无关的网站，阅读一些教学内容之外的信息。这时，教师应有选择性地为学生提供一些学习网站，提供一些自己下载的阅读材料。同时，教师在进行阅读材料准备时，还应注意结合不同学生的特点。对于不同的学生，教师应准备不同难度的阅读材料，以避免一些学生"吃不饱"、另一些学生"吃不了"现象的出现。

（5）开放性原则

基于计算机网络的中学英语阅读教学应对所有的学生开放，每个学生都要平等地参与教学。学生可以自由地利用计算机网络发表自己的意见。教师对于每个学生的建议都应充分重视，对于他们提出来的问题都应及时回答，并对他们在完成任务中的表现给予表扬和肯定。学生之间的交流要打破课堂空间的限制，使学生能够将所学的英语与文化结合起来；鼓励学生进行跨文化、跨国界交流，扩展他们交际的视野，丰富他们学习的内容。

2.教学方法层面

（1）交际性原则

阅读教学是一种语言输入的过程，但阅读不是被动地接受知识的过程，教师应赋予阅读教学一种新的含义。在基于计算机网络的中学阅读教学中，教师应将英语作为一门交际工具，教师的提问、学生的讨论都要使用英语。师生之间、学生之间要以交互的方式呈现信息。教师要根据学生的反馈信息调整教学，学生要通过与教师和其他学生的交流来建构自己的知识体系。

（2）任务性原则

教师应根据中学英语阅读教学的目标以及教学的实际情况将教学内容分成几个具体的教学任务，然后将这些教学任务分配给学生去完成，让学生在完成任务的过程中培养自己的阅读能力并实践阅读策略。任务的设计应紧扣教学内容，要符合学生的自身特点和教学需要。

（3）全面性原则

基于计算机网络的中学英语阅读教学不仅要培养学生的阅读能力，还应从全面的角度对学生的听、说、读、写进行训练。在学生掌握基础知识和基本技能的同时，教师要注意对学生的智力进行开发，培养与提高学生观察、思维和实际操作的能力以及创新意识。

（4）互补性原则

基于计算机网络的英语阅读教学并不排除其他媒体的存在，计算机网络应该和其他媒体相互补充、有机结合。所谓互相补充、有机结合，就是指在进行阅读教学时，某一种或几种媒体可以结合使用。例如，在计算机的音响声音较小、屏幕不大的情况下，教师可以利用录音机和投影仪。在教学中，教师要根据学生的需要灵活地运用多种媒体，以免学生产生网络倦怠感。

3.教学实践层面

（1）简单性原则

计算机网络资源的丰富性和多样化并不代表教学手段的复杂化。教师课件的设计、软件的选择应遵循简单易行的原则，教学过程中应衔接紧凑，变换自然。教学课件的设计应为教学目的服务，彼此应顺理成章、水到渠成。同时，教学软件应操作简单、人机对话易操作。

（2）实效性原则

基于计算机网络的中学英语阅读教学的最终目的是提高学生的阅读水平。衡量计算机网络运用得是否成功，其关键在于教学效果的好坏。如果计算机网络教学效果较好，则可以多加以利用；反之，则坚决停止使用计算机网络教学，切忌为了新奇而忽视教学效果。

（3）情境性原则

基于计算机网络的阅读教学旨在为学生创造一个真实的阅读情境。无论材料的选用、教学场景的设置都应该真实，以便让学生置身于真实的交际情境中。

（4）艺术性原则

基于计算机网络的中学英语阅读教学应注意教学语言和方法的选用艺术、教学体态的运用艺术、偶发事件的处理艺术等。教师灵活巧妙地运用这些艺术手段，可以使课堂教学生动活泼、充满生机，学生也不会因面对电脑而产生一种隔离感。

（5）控制性原则

教师在利用计算机网络进行中学英语阅读教学时，必须对学生进行有效的控制。这种控制既可以由教师来实施，也可以由学生来承担。教师可以通过计算机网络管理软件对学生的网上学习活动进行合适的监控。

第二节　信息技术在高中英语阅读教学中的具体应用

一、高中英语阅读教学的方法及应用

阅读教学是为了实现从重视知识传授到重视技能培养的转移，而阅读教学的成功与否很大程度上取决于教学的策略性。以下主要从阅读前、阅读中以及阅读后这三个过程中探讨具体的教学策略。

（一）阅读前的方法

阅读前的活动是为学生了解文章大意做准备，它包括引出主题、提出问题、交代任务，其目的是激发学生的阅读兴趣，使学生尽快进入文章角色。一般说来，阅读前的活动有以下几种。

1.扫除障碍

对于学生来说，影响阅读的最重要的因素莫过于词汇了。教师应在阅读前通过游戏、动画、图片故事、对话等形式，设计语境导入词汇，扫除词汇障碍，从而更好地帮助学生阅读。教师可以通过"学案导学，先学后教"的方式在课前指导学生预习，并布置难度适当的预习题，使学生明确预习的目标，从而做到有的放矢；同时有助于培养学生自主学习能力和自主学习习惯，为高中英语课堂教学的顺利进行做好心理和知识的准备。这种有针对性的预习使处理课文的节奏明显加快，为阅读课文后的巩固理解，即课文的升华处理赢得了时间，从而加大了课堂的容量。

2.以旧引新

俗话说："字不离词，词不离句，句不离篇。"一篇文章是由很多句子组成的，而句子又是由单词通过语法结构构成的。一般说来，一学期的英语课要教授的语法不是很多，并且语法的难度呈现的是递进的趋势。有的时候是几个单元共同呈现一个语法点，教师在教授的时候，就要经常重复这些语法点。当学习新的语法点时，教师通过重复旧的语法知识引出新的语法点，通过对旧知识的复习实现知识的再现和迁移，从而加深学生的印象。

3.激活背景

语言是文化的载体，学好一门外语，不只是多背单词，更要了解异域文化。因此，教师在阅读教学之前有必要介绍一些与文章有关的社会文化背景知识，让学生对将要阅读的内容有一定了解，从而激发学生进一步阅读课文的欲望。比如，教授与 Halloween 有关的课文，教师就有必要提前从网上下载一些文字资料进行展示，最好是在阅读前与学生谈论相关的节日信息，唤起学生已有积累的知识与生活经验，同时放映一段万圣节的图片或影像资料，并提问 What do you know about Halloween，让学生交流观后感，得出一个大致的结论：It's an autumn festival，进而引出学习的目的，进入课文，一步步地解决问题，这样课文中的难点也就迎刃而解了。

4.预测情节

教师在授课之前可以让学生根据课文的题目和一些关键词，展开想象，大胆预测情节，激发学生阅读的兴趣。这种策略不仅锻炼了学生运用已有的知识，还培养了学生逻辑推理的能力。每篇文章都有篇名，好的篇名常常包含了文章的中心思想。

教师在此时适时地引导，激起他们急于阅读的欲望，去印证他们猜测的结果。不论学生的猜测正确与否，最终都会有助于课文的理解。另外，教师还可以根据课文中的关键词引导学生预测课文的内容，可以让学生独立预测，也可以采用小组讨论的方式预测。先让学生充分发挥想象，将关键词进行排序，预测故事的发展过程，然后通过阅读文章验证自己的猜测，最后根据关键词复述故事。

（二）阅读中的方法

传统的阅读课通常是通过判断正误、提问、解释句子以及翻译等几种活动来进行。美国心理学家古德曼认为，阅读是一种"心理语言学的游戏"。学生在阅读中可以了解课文中的一些语言现象，进而获取较详细的篇章信息。阅读的过程，实质上是认识层次的推测与验证相互交替的过程，因而这里所要谈论的阅读中的策略是强调阅读过程的分析，而不是针对传统的阅读结果。高中英语阅读中的策略主要有下面五种。

1.略读

英国经济学家贝弗里奇曾经说过："正确的略读可使人用很少的时间接触大量的文献，并挑选出有特别意义的部分。"可见，略读是一种选择性阅读，对于信息也是有选择地获取，并不要求学生逐词逐句阅读。略读的目的是尽快了解文章的大意或中心思想，所以学生可以有意识地略过一些词语、句子，甚至段落。这种策略注重的是文章的大意，而不是细节。在略读中，教师首先要关注的是文章属于什么题材、涉及了什么内容，然后在阅读的过程中，要注重文章的第一段和最后一段，以及各段的第一句和最后一句。因为第一段是一篇文章的大概，有助于我们抓住主要情节和论点，而各段的首句和末句则给我们提供了文章的线索。具体说来，略读时应该注意使用以下技巧：

第一，注重文章的题目、小标题、黑体字、斜体字以及画线部分。文章的题目常常是文章内容的宗旨，利用题目我们可以对文章的内容做到心中有数。小标题是各部分内容的概括和浓缩，黑体字、斜体字和画线部分通常是作者提醒学生加强注意的重要信息，也是考试的重点。

第二，着重阅读文章的第一段和最后一段，以及各段落中段首的主题句和段尾的结论句。文章是由段落组成的，段落是由句子构成的，然而并不是东拼西凑的，而是有一定章法的。一般说来，文章的首段是对全篇的综述和概括，尾段往往是总结。在段落中也是一样，首句通常是主题句，末句常常是结论句。掌握文章和段落的这种结构，有助于有效地略读。

第三，注意关键词和关联词。关键词可以反映在特定的场景下谈论的话题，因而大多同文章的主题有关，利用关键词可以推测文章的主题。关联词包括很多种，如表原因的、递进的、顺序的、转折的等等。通过关联词，可以预测下一段与上一段的关系，由此判断作者的思路和观点。

2.跳读

跳读的目的主要是根据问题去寻找答案，尤其是在时间来不及，不可能进行通篇阅读，而对选择题的几个选项又无法判定时，宜采用这种策略。跳读是为了准确定位详细而又明确的信息，在采用该种阅读方法时，一般需要采取以下步骤：①读懂问题，并大致了解4个选项，确定所要寻找的是哪类信息以及这种信息以何种形式出现。例如，如果你想知道是谁做了某事，你就会特别关注人物；如果你想知道某事的发生时间，你就会寻找日期。②根据问题提供的线索，快速回到原文中去，明确到哪里去寻找所需的相关信息。③快速搜寻，找到你所需的信息后，认真阅读上下句，并对其进行加工处理。对于阅读问题中要求选出的时间、地点，人物、做事的方式、事情的起因、结局之类的信息，可以边读边画下来。④对于与本题无关的信息，可以略过。⑤再返回到阅读问题中，比较问题的4个选项，然后确定哪一个和文章中的信息是一致的。

在平时的训练中，教师应该注意对学生这方面的培养。无论是在日常的运用中还是考试中，如果对每个词、每个句子都细细咀嚼是不现实的，尤其是对一些通知、广告之类的应用文，跳读可以快速地进行信息的比较、筛选，提高解决问题和信息处理的能力，从而达到高效准确的实用效果。

运用这种阅读策略需要注意的是，对于一些关键词和关联词，在平时的训练中要及时总结，这样在考试中可以提高解题的速度。比如，表示空间顺序的词语有 on the top of、in the middle of、at the bottom of 等；表示文体顺序的单词及词组有 firstly、then、after that、for example、in addition、finally、in short、in a word、generally speaking、shortly speaking、therefore、in conclusion 、for this reason 等。掌握了这类关键词，可以提高学生对关键词的敏感度，从而节省时间。

3.主题句阅读

主题句一般出现在文章的开头和结尾，但也不排除在中间的位置，还可能是无主题句。以下主要介绍三种情况：①主题句在段落开头。主题句位于段首的可能性最大，作者通常先引出一个话题，然后围绕这一话题详细展开叙述。把主题句放在段首，开门见山，主旨明确，读者阅读时很容易把握。②主题句在段落结尾。如果主题句位于段尾，那么作者通常采用归纳法撰写，也就是采用"分述—总结"的模式。主题句往往是对上文的归纳和总结，或者是对以上的描述提出的建议。主题句在段尾通常是和一些词相关联的，比如 in short、in a word、it is clear that、generally speaking、thus、shortly speaking、therefore、in conclusion、for this reason 等等。当然，并不是所有出现在段末的主题句都有信号词作为标记。从语义上看，先分述后总结的结构模式还是很容易分辨的。③主题句暗含在段落之间。不是所有的段落都有主题句，尤其是在多段文章中。当阅读这样的文章时，我们就要抓住文章的细节，包括事实、观点、事件的分析，在大脑中形成初步印象，然后发挥自己的逻辑概括能力，综合归纳成一般概念。或是根据作者提供的事实、观点和事件，对各段落的中心思想进行概括，以此来体会整个文章的主题思想。

4.信息转换

为了把文章中的信息保留在记忆中，可以对信息进行转换，从而加深印象。在高中英语阅读教学中常使用的转换方式有：①图画；②加小标题；③表格；④地图；⑤循环图；⑥流程图；⑦树形图；⑧条形统计图；⑨圆形分格统计图；⑩按年代顺序再整理。以上列举的转换方式使课文形式的信息变成了可见信息，这样有利于第二语言学习者在阅读中理解意义。

5.提问

提问是阅读教学中最常用的方法之一。提问是有层次的，教师在提问时应着重把握提问的频率和难度。根据学生需要掌握的信息来划分，提问包括五种类型：①表层理解，即在课文中可找到问题的答案。②深层理解，要求学生根据文章提供的信息以另一种形式组织或解释。③推理性理解，要求学生对文章句子中字里行间蕴含的意思加以认真阅读和思考，做出准确推理。④评价性理解，要求学生根据材料所提供的信息作出正确判断。⑤个人理解，这源于学生对课文内容的理解和反应。

以上这五类问题，教师不可能都涉及，可根据具体情况，作相应的调整。下面笔者以 Standing Room Only（只剩站立之地）为例，具体阐述阅读课中具体的提问结构。这篇短文主要可体现三个类型的提问：针对表层理解，教师可以提问"How many new babies do people have to find for in one day""What may be the greatest problem of the world today"之类的问题，这类问题只是机械地重复文中的主要内容，使课文内容再现；教师在学生表层理解的基础上，可进一步提问"What is the author's attitude towards the population problem""How does the author show the seriousness of the problem"，这些问题是建立在进一步理解的基础上的，虽与主题有联系，但在文中没有明确表述，需要进行逻辑推理方可得到；为了提高学生评价文章的能力，同时也获得运用英语进行交际的能力，教师可以把评价性问题设计为"What is your opinion towards the population problem""What do you think we should do to solve the problem"。在阅读教学的过程中，教师可以根据不同的进度提问不同的问题，也可以让学生自己提出问题，培养学生自主提问题的意识。与阅读前活动一样，在教学中应该对不同的文章给予学生目的性指导，不可能同时使用以上的所有方法。

（三）阅读后的方法

阅读后阶段是巩固和运用所学知识的重要环节，旨在练习、巩固和拓展学生在阅读过程中所学的语言知识，并培养其说和写的能力。这一阶段的教学，教师应该充分发挥学生的创造力和想象力，并根据学生水平设计一些与课文内容有关的活动，给学生提供机会，让他们流畅地表达阅读后的感受。具体的活动有以下几种。

1.复述

复述是一种比较有挑战性的口语练习。在学生了解了阅读材料的内容并掌握了生词的情况下，教师可以让学生根据关键词和图片复述阅读材料的主要内容。

2.转述

对于对话性质的语篇，可以让学生用第三人称转述所学的内容，引导学生将对话转述为描述性的语篇。

3.填空

教师可以写出课文概要，留出一些空白让学生填，并鼓励学生尽量使用不同的词和短语。

（四）写作

这里的写作是指对阅读材料的仿写和续写。教师可以安排学生根据所读材料写课文摘要，或者写一个广告，对产品进行具体的描述。当阅读材料是一篇叙事性文章时，教师可以让学生展开想象，续写故事，培养学生的发散思维。

总之，培养高中生的阅读能力是一个渐进的复杂过程，切忌操之过急。养成良好的阅读习惯是前提，兴趣是动力，必要的阅读技巧是关键。另外，每篇文章的阅读不可能都用上以上提到的这些策略，但是恰到好处地用到其中的一两个，不仅可以激发学生的兴趣，而且可使他们的阅读有方向性，收到事半功倍的效果。

二、基于信息技术的高中英语阅读模式及案例分析

基于计算机网络的中学英语阅读模式是指教师在英语阅读教学过程中借助计算机网络对学生阅读技能进行培养的方式，其中包括以教师为主的阅读模式和以学生为主的阅读模式。在这两种阅读模式中，教师和学生的角色与地位有很大差异。

（一）以教师为主的阅读模式

以教师为主的阅读教学模式是指教师在整个阅读教学中处于主导地位，学生跟随教师的教学思路进行阅读的方式。教师通常会在课前将阅读材料准备好。上课时，学生按照教师的要求阅读教学材料，完成阅读任务。

学生不用自己在网上搜寻信息来完成学习任务，他们的阅读被限制在一定的范围内。

1.以教师为主的阅读模式的操作步骤

（1）准备

教师分类、整理、取舍、加工某一主题的阅读材料，并将其制成一个网页，然后根据上下文设计出学生要完成的活动，预测学生在上课时可能会提出的问题。

（2）阅读

教师鼓励学生在阅读过程中理解文章的主旨，并对自己提出的问题作出积极的回答。教师有目的地将阅读策略渗入教学中，并通过解释、讲解句子和文章，让学生消化、吸收阅读材料中的语言知识。

（3）教学反馈

教师对学生进行提问，了解他们对材料的理解程度、阅读策略的使用情况，并对学生阅读中出现的问题做出及时评价。

2.案例分析

案例分析

（一）教学内容：Madame Curie（SEFC Lessons 2and 3 ）。

（二）教学目标：让学生了解Madame Curie的生平、历史贡献，学习她在科学领域不断进取的精神。让学生掌握一种常见的阅读策略——根据故事发生的时间顺序来阅读材料。

（三）教学前的准备

教师从相关网站上搜集有关Madame Curie的阅读材料，并将它们制成网页。为了降低学生的阅读难度，教师可以在课前几日将阅读材料放在自己的教学主页上让学生提前阅读，对于一些生僻的单词可以在其后加注释。由于阅读材料较多，教师可以将所有的阅读材料分成以下几个单元：

From Poland to Paris, Looking for a Laboratory and Finding Love,The Discovery of Radium,Honor,Disaster and Renewal。

教师可以从相关的网站上下载一些照片，以增加阅读材料的感官性，提高学生的视觉刺激强度。

（四）教学过程

1. 导入

教师提问："Do you know about Madame Curie? Who can tell us something about her?"引导学生对以前的知识进行简单复习，并介绍根据故事发生的时间顺序进行阅读的策略。

2. 自主阅读

首先，教师让学生阅读课本中所给的材料，根据故事发生的时间顺序将文章分成几个阅读单元，并要求学生将每个阅读单元的主要内容用一两句话归纳出来。其次，教师让学生分单元阅读教师放在教学网页上的材料，同时，将网页上的阅读材料和教材中的文章进行对比，找出它们的共同点和不同点。教师还应提醒学生注意它们的叙事技巧、使用语言的差异。最后，教师让学生找出两篇阅读材料中难以读懂的句子，帮助他们做出正确的理解。

3. 自由讨论

首先，对比分析两篇材料在叙述Madame Curie时的优点和缺点。其次，着重谈论学生在阅读网页中材料的感悟、遇到的难点，以及文章的叙述技巧给他们的启示。

4. 课后练习

教师提供更多的阅读网站，让学生在课下进行阅读。通过对比阅读，教师应让学生形成自己的阅读体会，并将其写成书面文字，然后通过邮件发给自己。

3. 对以教师为主的阅读思考

（1）以教师为主的阅读模式的优点

第一，教学任务容易完成。无论是在课前还是课堂中，教师始终处于教学的核心位置（其中包括教学材料的准备和相关网站的挑选）。教学内容的选择、教学时间的分配、教学步骤的设计都是在教师的指导下进行的,只有这样才能顺利完成教学任务。

第二,教学效果明显。教学内容的展示、相关网站的联结、学生的联机讨论,以及学生阅读结果的呈现都是通过计算机网络完成的。这种方式比较新颖、活泼,有利于教学的及时反馈,能更好地实现资源的共享,因此教学效果也较好。

第三,课堂容易控制。学生的阅读大多是在教师的指引下进行的,相关教学网站也是教师提供的,学生一直在教师的视野范围内,这样教学秩序可以得到有效的控制。

(2)存在的问题

由于教师已事先准备好阅读材料和需要讨论的问题,因此学生很难有自由发挥的余地,学生的主动性得不到充分发挥。现代教学理论认为,教学应该是教师与学生、教材与学生、学生与学生之间的多向信息传递。以教师为主的教学模式较多时候是教师对学生的单向信息传递,缺少师生之间的互动。

(二) 以学生为主的阅读模式及案例分析

以学生为主的阅读模式就是以学生为中心,教师布置任务或主题,学生自主搜集材料进行阅读的方式。学习材料的准备、课堂教学的开展以及教学效果的评估都是围绕学生进行的。教学中主要突出学生的主动性和创造性,教师主要是教学的引导者和督促者、教学秩序的维护者以及学生遇到困难时的帮助者。

其主要表现为两种阅读模式:一是以任务为主导的阅读模式;二是学生的自主阅读模式。

1.以任务为主导的阅读模式

以任务为主导的阅读模式是指将教学内容分成几个教学任务,然后将这些任务分配给不同的学生,让学生在完成任务的过程中提高阅读能力的方式。

任务的定义。语言学家和教育学家对任务的界定众说纷纭。英国语言学家威尔金斯指出："任务是学习者为了做成某件事情用目的语进行有交际目的的活动。"理查兹、普拉特和韦伯从教育学的角度出发，提出："任务是人们在学习、理解、体会语言过程中所开展的活动。"美国教育学家布林从语言学习的角度将任务定义为"精心组织的、以促进语言教学为目的的一系列教学活动"。香港大学名誉教授、美国学者大卫·纽南从交际的角度把任务界定为"学习者使用目的语理解领悟、处理问题、发挥创造、相互交流的课堂教学活动"。由上述定义，人们可以归纳出任务的三个特征。

第一，目的性。任务要么是一份工作，要么是一项活动，它通常是为了完成某项教学内容而设计的活动。

第二，交际性。任务的设计是让学生理解并运用语言和学生进行交流。这种交流增加了学生运用语言、创造语言交流的机会。学生在这个过程中，不仅学习了语言的形式，更注重了语言的运用。

第三，完整性。任务是一个有头有尾、完整的交际活动，它需要有开始、中间和结尾。

2.以任务为主导的阅读教案分析

以任务为主导的阅读是指教师事先将教学内容分解成几个教学任务，让学生利用计算机网络搜集、分析信息并完成任务，在任务的完成过程中提高学生阅读水平的阅读过程。它一般分为以下几个步骤：明确每项任务的目标，提供适当的教学资源，对学生的学习过程进行适当的监控，对学习效果形成评价，对教学进行反思。

案例分析一

（一）教学内容

SEFC Book 2 A Unit 9 Lesson 35

（二）教学步骤

1.课前准备

针对本单元"保护动物，保护生态环境"这一主题，我布置了学生课前的学习任务，让他们以小组为单位收集相关资料。然后，在此基础上，对材料进行分类、整理、取舍、加工，最后制成了"Animal in-Danger"这一网站。该网站包含Home Page、Background、Lead-in、Heading、Fast-Reading 1、Fast-Reading 2、Fast-Reading 3以及Ex-ercise、Answers共9个网页。

2. 导入新课

在Lead-in网页的界面中，播放一段关于各种动物在其家园自由生活的录像，由此导入课文，提出目前存在的问题：许多动物处在危险的环境中，濒临灭绝。然后，将一段对录像评论的录音引入Home Page中，引入课文主题的学习。

3. 确定任务，自主学习

将全班学生分成3个小组，然后以小组为单位分别进入Reading 网页中的3个超链接网页：Animals of Africa in Danger, Animals of Asia in Danger, Animals of Australia in Danger。各小组根据自己的阅读材料完成以下阅读任务：①Tell us some names of endangered animals and where they live. ②Describe what they look like. ③Tell us why they are in danger. 各小组成员在各自阅读的基础上通过小组讨论、协作学习去完成任务，之后3个小组之间进行交流。

4. 围绕任务，强化训练

在Fast Reading网页中设立3个子页。分别就"The Cause of En-dangerment"和"Ways to Help the Endangered Species"等方面组合相关的阅读材料，让学生在运用快速阅读技巧的基础上快速阅读并掌握这些实用的知识。要求学生能根据所阅读的信息、掌握到的知识进行interview。每组的3个学生分别以记者、专家和普通群众的身份运用已学的知识模仿CCTV-4中的Dialogue这一节目完成采访任务。

5. 课后练习，分层要求

笔者在课件中设计了Background、Language Points、Exercise等网页，学生可以在课堂上灵活运用、随时点击，也可以作为课余时间自学或复习的资源库。最后的作业布置中有巩固课文内容的基础作业：掌握本课的语言点，做造句练习；以"Protect the Animals"为题写篇短文。

评析：这篇教案将教学内容设计成九个网页，由视听导入，充分利用了学生的感官刺激，激发了学生的求知欲。阅读内容围绕任务展开，任务的设计体现层次性。学生的活动以小组为单位，小组成员之间可以互相讨论、相互协作，共同完成任务。在阅读过程中，学生可以自由浏览网页，体现了"以学生为主体"的原则。课后练习设计体现了灵活性，将阅读和写作训练有机结合起来，不同学生可以根据能力高低选择适合自己的练习形式。

案例分析二

（一）教学内容

The Great Wall

（二）教学过程

1. 创设情境，导入新课

教师引导学生访问"The Great Wall"站点。然后提出问题："为什么古代的黄土高原富饶丰美，而现在却是千沟万壑、满目疮痍？为什么黄河上游污涝混浊？"学生思考教师提出的问题，进入学习情境。

2. 自主阅读

教师把学生可能提出的问题放在网站的学习辅导区域里。学生打开浏览器，进入网站的学习辅导区域，进行自主学习。学生在学习目标的指引下，对相关站点、链接进行访问，并利用教师准备好的课件自主学习。然后由学生自己决定是先到资源区域找答案，还是去讨论区域回答。

3. 协作学生完成意义建构

小组长先问组员还有什么不懂的问题，然后进行小组交流。小组不能解决的，可通过 BBS 论坛向教师或其他同学提出问题。教师要在学生回复的基础上加以点拨。学生分成小组自由讨论，进入"学生论坛"发表看法，以达到意义建构。学生在发表自己的观点时，必须运用相关知识，然后用 Word 发布到"学生论坛"的留言簿上，并接受其他学生和教师的质询。

4.巩固、学习、评价

学生进入"学生自测"，自主完成"The Great Wall"的知识测验。学生的自主学习不受时间限制。学生在时间不足的情况下，可另找时间上网完成练习或网上提问。这在很大程度上可以满足不同层次学生的需要。

3.对以任务为主导的阅读的思考

（1）以任务为主导的阅读的优点

第一，体现了"以学生为主体"的教学思想。学生在学习中起主体作用，是学习和完成任务的主人；教学中强调学生的学习体验和学习过程。这样，学生由被动地接受知识转变为主动构建知识。在这一过程中，教师的作用主要体现在对教学的组织、引导、促进、评价、咨询上。

第二，以任务作为教学活动的主线。教学内容围绕任务而设计，任务完成的过程也是学生阅读的过程。学生的阅读范围突破了课堂界限，向课外延伸。随着阅读范围的扩大，学生获取信息的渠道也得到了拓展。在教学任务的指引下，学生的学习目标明确、具体，学习过程充满乐趣，大大提高了学习效果。

第三，创设了真实的学习情境。以任务性活动为主的阅读教学避免了单纯以线性方式展开教学，将学生的学习投置到实际的、有意义的任务情境中，易于激发学生新旧知识之间的联系，有助于学生学习隐含于任务中的知识与技能。

第四，关注学生的兴趣和动机。学生在自主完成任务中获得了充分的自由，学习兴趣和动机得到了激发，信息的分析、处理能力和相互协作、共同学习的能力得到了培养。更为重要的是，通过合作、小组讨论、意见交流等形式，促进了学生彼此的沟通，锻炼了他们的合作精神和沟通能力。学生在解决和完成一个个任务的过程中会不断地获得成就感，体验成功的喜悦，增强学习的信心，从而可以更好地激发运用英语的欲望，为学习创造一个良好的认知和情感基础。

第五，关注学生的个性及创造力的发挥。在阅读过程中，学习任务一般都是开放型的，学生有自我发挥的余地。在阅读中，学生可以自主学习课文、自我评价、自主选择探究主题。网络技术不仅仅是演示的工具，而且还是创建情景、协作学习、进行交流的工具。学生可以根据学习需要自行决定学习时间，选择难度适中的练习，自由选择所感兴趣的话题进行讨论、探究。

（2）存在的问题

第一，教学任务的设计比较困难。一般而言，任务可分为封闭型和开放型两类。封闭型任务要求每个学生自主完成任务，其目的是让学生将学过的语言知识联系起来并加以应用。封闭型任务具有比较明确的学习目标、主题和要求，一般采用个体学习的方式。开放型任务需要每个学生共同探讨完成任务，允许学生在一个较大的框架范围内自主选择和设计任务类型和主题。由于教学内容的不同，教学任务的设计也会不同，这就对教师提出了更高的要求。在实际操作过程中，由于教师不能设计出具有挑战性的任务，就会使学生的学习积极性得不到有效激发，进而降低教学效果。

第二，教师的指导作用发挥不明显。以任务性活动为主的阅读教学具有松散性、不确定性和难以控制等特点。如果教学任务不明确，学生的学习效率就不会提高。同时，学生在面对教学资源、教学课件、教学任务时往往显得无所适从，教师也很难兼顾每个小组的学习情况，从而使得一些小组的任务由于得不到教师的适当帮助而"夭折"。

第三，对学生的信息素养要求较高。以任务性活动为主的阅读教学要求学生会灵活运用各种软件，如使用"复制""粘贴"这些功能键。在遇到生词时，学生要学会使用金山词霸、有道翻译等一些软件，这样才能保证阅读的顺利开展。

第四，语言的交际功能难以得到保障。学生在小组协作完成任务的过程中，忙于搜集、整理、加工信息，而忘记用英语进行交流。为了省事，他们通常会采用汉语进行沟通，失去了英语学科的教学特点。

第五，任务的完成容易流于形式。教师每节课都有教学计划，为了完成这个既定的教学计划，他们通常会不顾实际情况中断某些学习环节，由某个环节硬性过渡到另一个环节，致使任务完成不到位，给人一种流于形式的感觉。

（3）教学建议

第一，教学设计要有明确的目标。教师在设计任务时应将教学目标融入设计，不要将实现不了的目标列入其中；任务的难易程度要适合于学生，具有可行性；要考虑任务的大小、知识点的含量、前后知识的联系等方面的因素，避免挫伤学生的积极性。

第二，保持封闭性和开放性任务的适当比例。任务的设计原则应以封闭型任务为铺垫，开放型任务作提升，全方位、多层面地培养学生的语言能力。封闭型任务中涉及的知识点不宜过多，特别是重点、难点应恰当安排；开放型任务要贴近阅读材料和学生的生活实践，任务的难度不要高于学生的实际水平。

第三，对学生的活动加以适当的指导。教师要在教室适时走动，倾听每一组学生的谈话，随时了解任务的完成情况。对于他们提出的问题和遇到的困难可以共同讨论，必要时可直接提供帮助。阅读之前，教师应指导学生了解一些常用学习软件的知识、简单的Office操作及计算机网络使用的方法。

（三）学生的自主阅读模式

1.学生的自主阅读模式的含义

学生的自主阅读模式是指学生自由地在互联网中根据自己的兴趣和爱好进行阅读的方式。阅读内容的选择、阅读策略的采用完全由学生自己控制，教师不参与其中，只有在学生遇到困难时，教师才会提供一些阅读建议。这种阅读模式一般在课下完成。

2.对学生的自主阅读模式的思考

（1）学生的自主阅读模式的优点

第一，扩大了学生的阅读面。美国语言学家、语言教育家斯蒂芬·克拉申指出："广泛的阅读是获得熟练阅读技巧的主要手段，它可以提高学生的阅读技能、语言能力、词汇、拼写和写作。"学生的自主阅读可以为其提供丰富的文化背景知识，可以改进其认知能力以及提高自身的阅读动机。

第二，有利于学生阅读技能的发展和阅读策略的发现。以学生为主的阅读由于没有具体的学习任务，学生可以根据自己的喜好进行阅读。在这种轻松的阅读环境中，他们更容易正确地运用阅读策略，阅读的技能也会得到提高。

第三，更易于学生创造精神的发挥。在阅读过程中，教师只为学生解决问题并提供必要的支持和线索，引导学生学会解决问题，而不是将现成的答案告诉学生。这样可以充分发挥学生自主学习的能力、确定学习目标和学习内容的能力、获取信息的能力以及评价信息的能力。

（2）存在的问题

第一，学生阅读偏好过重，容易接触不良信息。互联网上的信息丰富、含量大，但这些信息由于自身文体和体裁不同，所包含的知识和价值各不相同，对阅读的水平要求也不一样。学生在面对这些信息时，往往会根据自己的喜好进行阅读。他们通常表现为喜欢读故事类的文章，而忽视对评论性、哲理性文章的阅读，这样是不利于学生整体阅读水平的提高的。同时，学生在遇到网上的材料时，往往表现得很茫然，容易迷失在这些信息中。由于缺乏鉴别能力，学生对一些错误或不良信息容易盲目接受，从而为以后的学习带来负面影响。

第二，学生阅读行为难以控制，教师不易对学生的学习过程和学习结果进行评价。由于自主阅读往往在课下完成，没有教师的控制和监督，所以教师无法知道学生的阅读习惯和阅读策略的采用，对学生阅读结果的评价也就难以完成。

（3）教学建议

第一，给学生的网上阅读提供必要的支持。教师可以介绍一些适合中学生阅读的专业网站。有些网站会为学生提供阅读训练的教学服务，学生可根据自己的水平选择阅读材料。教师可以建立自己的网页，把一些健康的、适合中学生阅读的材料放到网页上，让学生通过网络下载这些文章进行阅读。学生可以将自己在网上读到的好文章放到教师的网页上，这样既可以扩大教师阅读材料的数量，也可以培养学生搜集和整理信息的能力，可谓一举两得。

第二，帮助学生学会在线查字典，训练他们进行猜词义和句子的能力。利用在线词典查单词，一方面可以节省学生的时间，另一方面还可以培养他们善于运用网络工具来促进自己学习的能力。对于一些词汇量小的学生，在线词典是一种提高阅读水平的有效途径。学生在阅读过程中遇到生词时，教师应指导学生先猜单词，再查词典，这样可以提高学生的猜词能力。

第三，指导学生安装一些自我评价的测试软件。现在，许多软件可被用来帮助学生测试词汇的猜测能力和段落的理解能力。学生可以根据自己的需要有目的地选择一些测试软件，一边阅读一边测试。同时，学生可以一边阅读一边做笔记，把在阅读中遇到的单词摘录到一个记事本上并每天背诵，这样可以很快地扩大自己的词汇量。学生还可以将一些句法结构复杂、不易被理解的句子或段落抄录下来带到课堂上，请教师和同学帮助理解。

第四，培养学生适当的阅读策略。研究表明，阅读策略对于有效阅读非常重要。如何训练学生熟悉各种阅读策略和合理使用它们，对教师来说是一个严峻的挑战。教师可以为学生在阅读前、阅读中、阅读后提供一整套的阅读方法和策略。阅读前，教师可以训练学生通过标题来推断文章的内容，让学生根据自己的思路推断出这篇文章的主题思想。阅读中，教师可以培养学生快速阅读的能力，提高阅读速度。一种方法是把一个闹钟放在旁边，要求自己在规定的时间内完成阅读；另一种方法是找出每个段落的主题句，将这些主题句设置成不同颜色，通过阅读这些主题句来理解文章的内容。阅读后，让学生写下阅读中遇到的困难和解决这些困难的方法，以便让教师和其他学生为他们提供参考意见。

第五，做好阅读过程记录。教师要指导学生安装一些专为中学生开发的阅读软件。这些软件会把学生的阅读资料记录下来。教师可通过查看阅读记录来了解学生的阅读情况。

上面讲述的三种阅读模式都有自己的优势和缺陷，以下将对它们的一些主要方面进行简单的比较，如表5-1所示。

表5-1 两种教学模式的比较

比较项目	教师的教学方式	学生的学习方式	主要的优点	主要的缺点
阅读模式				
以教师为主的阅读模式	以教师为主导	被动学习	容易实现教学目标；班级易于控制；教学效果较好	不易发挥学生的个性；学习缺乏主动性
以学生为主的阅读模式	以学生为主导	主动学习	易于扩大学生的知识面；养成学生自主学习的习惯；有助于提高学生的跨文化交际能力	耗时较长；易接触不良信息；难以评价阅读效果

通过以上的比较可得出以下两点结论。

第一，从教师在教学中的作用角度来看，两种阅读模式中一个表现强，一个表现弱。教师在第一种阅读中起主导作用，是教学内容的准备者、实施者，教学过程的控制者，教学秩序的维护者。在第二种模式中，学生是主体，教师是学习内容的选择者、教学过程的参与者。

第二，从教学控制的角度来考虑，以教师为主的阅读模式和以任务为主导的阅读模式应该成为课堂教学的主要模式。原因在于它们的教学内容、教学过程易于把握，学生在其中学到的技能和策略较多。而学生自主的阅读模式在课堂上应少利用，因为它们耗时太多且活动、结果难以控制，应尽量将其安排在课下进行或作为家庭作业。

第六章 信息技术与高中英语写作教学深度融合的应用研究

第一节 信息技术与英语写作教学整合的概述

一、英语写作教学的内容

（一）结构

文章的结构是开展写作的前提，对文章整体表达影响深远。

1.谋篇布局

谋篇布局是写作的必要前提，写作者可以根据写作目的选择适当的扩展模式。从篇章结构上看，结构是"引段—支撑段—结论段"。从段落的结构上看，结构则是"主题句—扩展句—结论句"。不同题材、体裁的文章，有着不同的布局方式。例如，在议论性文章中，主题句主要用于陈述读者认为正确的观点，扩展句是以说明的顺序扩展细节阐述原因，而结论句重点用来总结或重述论点。在说明性文章中，主题句主要用来介绍主题，扩展句用来以时间、重要性等顺序扩展细节说明主题，而结论句主要重述主题、描述细节。

2.完整统一

所谓完整统一是指文章的所有细节如事实、例子、原因等都必须围绕主题展开，做到内容切题，与主题不相关的句子必须删除，同时要保证文章段落的完整性。

3.和谐连贯

段落中句子的顺序和思路的安排都要具有逻辑性，句子与句子之间要有机地联系在一起，内容需要一环紧扣一环，流畅地展开，使段落成为一个和谐连贯的整体。运用正确且连贯的词或词组，可以把句子与句子有机地联系起来，使随行文更加流畅，并能引导读者跟着作者的思路去思考问题。

对于过渡语，可以进行"短文填空"的专项训练。需要指出的是，过渡词语不可不用，也不可滥用，需要确保结构流畅、简洁，避免冗长、累赘的描述。

（二）句式和选词

英语中比较常见的句型有强调、倒装、省略等，并且每种句式都有各自不同的变形，这就需要学生进行大量的练习。在写作教学中，教师应该采用示范和讨论的方式，帮助学生掌握正确的表达方式，增强他们对句式的认知。

选词通常与个人的喜好有关，所以它也是个人风格的体现。但由于选词也是作者与读者之间的交流方式之一，因此选词还要考虑语域的因素，如正式用词与非正式用词的选择、褒义词与贬义词的选择等，还应考虑角色及读者对象的因素。

（三）拼写和符号

如果缺少规范的拼写与符号，句子的含义就难以表达，文章的内在逻辑关系也难以体现出来，这就在无形之中提高了读者的阅读难度。可见，拼写与符号是英语写作教学中不可或缺的重要内容。具体来说，学生首先应保证拼写和符号的正确性，以避免引起阅读障碍。在保证正确性的基础上，学生应努力使拼写、符号规范、美观，易于辨认。虽然这些都属于细节问题，却对写作有着重要的影响作用。

二、英语写作教学的现状

写作一直是高中英语教学的薄弱环节，长期以来形成了对待英语写作"学生发怵，教师犯难"的现象。就目前的状况来看，高中英语写作教学中存在以下问题。

（一）教师教学现状

1.课程设置不够合理

在高中英语教学中，由于课时有限，完成每单元的课文讲解、听力理解、阅读理解等耗时较多，留给写作教学的时间就少之又少了。一般的学校都没有设置专门的写作课程，于是写作教学效果得不到保障。目前的教材都有相应的"听、说、读"的配套练习，却没有关于"写"的教材。尽管每个单元均设有写作专项练习，但这些练习多是被动性的，配套教材的短缺使得写作技能的训练是零碎的、不连贯的。在这种缺乏合理的课型设置以及系统性的写作教材的情况下，甚至连课时都无法保证，写作教学的教学质量很难得到保证。

2.教学改革相对滞后

随着新课程改革的全面推进和不断深入，英语教师对新课程指导下的写作教学有了一定的认识，然而在实际的英语教学进程中，写作教学的改革相对滞后。很多教师还没有注重对学生的英语思维能力进行多方位、多角度的训练，没有采取各种方法训练学生英语思维的发散性、创造性、广阔性和深刻性。英语教学是个整体工程，写作教学和阅读教学、口语教学以及其他形式的教学之间具有互动互补与彼此关联的整体性。然而在实际的英语教学过程中，教师并没有真正把写作教学置于这个整体性框架之中，于是就出现了为写作而写作的现象。

3.教学方法缺乏创新

传统教学法注重词汇、语法的教学，忽视语篇的内容、结构等方面的分析。这种重语言知识的讲解、轻言语和表达技能的训练的知识传授模式，似乎使学生学到了很多知识，却不利于学生写作能力的提高。于是学生一到具体运用时要么提笔无言，要么写出的文章内容空泛、条理性差。长期以来采用重结果的教学法，即根据写作的最终成品来判断写作的得失成败，使得教师在写作教学中的作用仅限于简单的打分和评判，而对写作过程指导甚少，甚至有些教师并不让学生进行独立的写作，而是用下课抄写、背诵范文的形式训练学生的写作能力。教师忽视了在写作过程中对学生兴趣的激发和培养，导致师生之间、生生之间的交流互动严重匮乏。久而久之，学生失去了学习写作的动机和兴趣，写作教学的有效性更是无从谈起。

4.缺乏科学有效的批改方法

在实际写作教学中，教师缺乏科学和系统的批改方法。学生交上作文后，教师往往会忽略学生在整个写作过程中思维能力的培养，而是把评改的重点放在纠正拼写、词汇以及语法等句子水平上。这种批改方法使学生变成了被动的接受者，而不是积极的参与者，不能够主动地认识和改正自己的错误，因而出现了教师反复改、学生反复错的局面，导致学生对写作消极应付、望而生畏，写作水平难以得到提高。

5.应试教学倾向明显

学生的写作表达能力远远落后于其语法、词汇和阅读能力，究其原因，主要是应试倾向明显，写作在考试中分值明显要比阅读、词汇少得多。另外，目前英语考试中的作文多是提纲式命题，这就造成了学生几乎采用清一色的归纳式结构，这不利于克服母语文化思维的负面影响，不利于培养学生有意识地使用衔接手段。

（二）学生写作的现状

1.语言基础掌握不扎实

英语中的很多词汇都在词性、词义、用法、搭配等方面有自己的特点，当学生按照汉语词汇的用法进行英语写作时，常常出现词汇使用方面的问题。不仅如此，很多学生由于不熟悉英语的句法表达习惯，还常常出现一些句法方面的问题。例如，主谓不一致、语态不一致等错误。因此，学生要想写出一篇佳作，需要努力掌握基本功，只有基本功扎实了，才有可能进一步提升写作能力。

2.中式英语现象严重

语言与思维、文化等都有紧密联系，并在很大程度上受这些因素的影响。中国学生由于长期在汉语环境下生活，母语思维不可避免地会对他们的英语学习产生影响，且很多都属于消极影响，"中式英语"就是一个最典型的现象。具体来说，英语语言中的词汇在结构、用法、含义、搭配等方面都存在诸多不同，学生在写作过程中如果难以找到准确的对应词，常常利用汉语思维和已有的英语构词知识想当然地生造一些词汇，从而造成词不达意的后果。例如，用 sky girl 或 air girl 来表示"空姐"，用 hand heart 来表示"手心"。再如，He put all of hope on me. 不难发现，"他把所有的希望都寄托在了我身上"是作者想表达的本义，但其使用的表达方式与英语习惯大相径庭，会令英语读者不知所云。应修改为：He places all his hopes on me.

3.套用作文模板情况严重

我国很多学生平时没有足够的时间练习写作，因此在考试前常将希望投向各种作文模板。不可否认，作文模板对学生的写作在某些方面确实具有积极作用，它可以帮助学生了解各类文章的结构框架。但它也存在很大的弊端，许多学生由于写作基础薄弱，只是机械地套用格式，对段落的组织安排以及连接词的恰当使用都没有真正理解，而这很容易使学生的写作出现连接词误用、段落衔接不自然等问题。

4.篇章缺乏连贯性

在篇章写作的完整性方面，很多学生存在着严重的问题。学生的文章往往缺少主题句，而且句子之间缺乏必要的关联词，从而使得语序混乱、表达不通顺、主题思想不突出。文章是由很多不同的句子组成的，其主要目的在于表达思想，起到交际目的。换句话说，为了达到这一目的，文章句子就要依据一定的语法规律和交际原则形成有序的网络结构，让语言表达具有很强的连贯性。而这正是中国学生所缺少的，因此学生的文章缺乏紧凑感，无法形成一个有意义的篇章结构。

5.文化知识储备不足

要写出地道的英语文章，学生不仅要具备准确用词、合理谋篇的能力，还要掌握一定的英语文化知识。语言学习同文化学习密不可分，一旦学生缺乏对所学语言国家的文化背景知识的了解，其语言学习就会受到阻碍。因此，要学习和掌握英语语言，必须了解和掌握英语文化。中国大学生虽然一直在学习英语语言，但思维依旧停留在汉语思维上，很少接触英语文化知识，因此他们的思想和思维方式比较中国化，写作也是汉语式写作。所以，大部分学生除缺乏基本的语言知识外，文化背景知识也有待提高。丰富的文化知识对写作有着显著的促进作用，它可以使学生形成西方思维，使写出的文章更加符合英语表达习惯。

第二节　信息技术与高中英语写作教学深度融合的应用探究

一、基于信息技术的英语写作教学方法

（一）成果教学法

成果教学法，顾名思义就是将教学的重点放在写作的最终成果上。成果教学法是一种传统的英语写作教学方法。根据这种教学方法，课堂写作教学活动分为以下三个阶段：教师分析范文、学生模仿范文写作和教师评价学生作文。其中，教师对学生的作文的评价内容包括文章的措辞、语法、组织结构、文章内容等。

成果教学法的优点在于教师在学生写作之前进行范文分析。这样学生对文章的组织结构就有了比较清楚的了解，自己模仿写作时不至于无从下手。其缺点也很明显：第一，学生在听完教师的范文分析后马上开始模仿写作，没有采取通过阅读相关材料以及与其他学生讨论等方式获取信息、启发思维，写作思路往往不够开阔，作文内容常常显得空泛。第二，在学生模仿范文写作过程中，教师没有对学生进行监控，没能及时发现学生在文章的组织结构、内容等方面的问题，也不能给予学生适当的帮助引导。

（二）过程教学法

过程教学法关注学生的写作过程。教师在写作教学过程中对学生进行作文构思、提纲、引言、正文以及结束语等方面的指导，直到学生完成整篇作文的写作。基于这一教学方法的写作教学通常根据以下四个步骤来组织。

1.写前准备

学生根据教师布置的作文题目要求进行构思，写出作文提纲。

2.写初稿

学生根据作文提纲充实内容，完成初稿。

3.修改初稿

修改工作分为两个阶段。第一阶段是学生间的相互修改。为了让学生的相互评价修改更加客观、全面，教师在课前应准备好作文评价量规，如考试作文评分标准就是一个可以借鉴的评价量规。第二阶段为教师修改阶段。经过第一阶段的学生相互修改后，学生习作中的诸如单词拼写、标点符号错误已经大大减少，教师可以将更多的精力放在评价修改学生作文的文章结构和内容等方面。在适当条件下，教师还可以对学生进行个别辅导，做到因材施教。

4.重写作文

学生根据其他人以及教师提出的修改意见对作文进行修改重写。过程教学法的优点：第一，教师加强了对学生写作过程的指导，有利于学生掌握写作必须经历的几个基本步骤，养成良好的写作习惯。第二，经过教师和同学的修改评价以及学生本人对作文的重写，学生更容易发现自己写作中存在的不足。第三，写作教学课堂以学生为中心，有助于提高学生写作的主动性和积极性。

过程教学法的缺点：第一，缺少对学生写作前的指导。学生作文初稿中容易出现较多的错误。第二，教学花费时间过多。第三，若班级人数过多，对学生的个别辅导就难以实现。

（三）体裁教学法

体裁教学法是建立在体裁基础上的写作教学方法。体裁教学法认为，不同体裁的语篇具有不同的交际目的和篇章结构，写作的内容、结构和顺序都要考虑写作发生的场合和写作目的来选择合适的体裁。体裁教学法通过让学生掌握属于某一体裁的语篇的图式结构帮助学生理解或创作属于这一体裁的语篇。

体裁研究者认为，写作过程应分为以下四个阶段：

1.范文分析

范文分析是体裁教学法的重要环节。教师通过范文介绍某一体裁，重点分析其图式结构。通过讲解范文的体裁结构、语篇结构和语言特点，突出与这一体裁相关的社会语境、交际目的的分析，让学生对此体裁有一个直观、全面的了解。在范文分析过程中，教师可向学生介绍和体裁有关的社会文化、历史、风俗习惯等背景知识。另外，为使学生对范文体裁有更好的理解，教师可选择几篇同一体裁的不同文章，让学生分组讨论并分析。讨论的内容可以围绕以下几个方面：该体裁有什么语言特征和意义特征；该体裁相关的图式结构如何；该体裁的交际目的和社会语境如何体现。

2.协商合作

分析完范文以后，教师需要安排师生互动、生生互动，实现写作前的沟通交流，为写作提供更多的素材，明确写作思路。另外，教师可让学生运用体裁分析的方法解析同一体裁的不同语篇，目的是让他们通过实践将学到的体裁分析知识融会贯通。

3.模仿写作

根据范文分析和共同协商的结果，教师协助学生共同完成这一体裁文章的模仿写作，其中包括阅读、研究、收集和整理资料、写作等不同阶段。模仿写作并非简单地照搬范文，而是有意识地运用上一步骤中所获得的体裁知识，使学生通过模仿把这些结构特点和语言特点转变为自己的知识。

4.独立写作

学生选择一个题目进行研究，然后写出这类体裁的文章。此阶段是模仿写作阶段的延伸，教师可给学生一个新的题目，让他们模仿范文体裁的特点进行自我创作，目的是让学生学以致用。

体裁教学法的优点：教师可以让学生学会根据不同的社交场景选择不同的体裁来写作。按照体裁来进行教学让写作教学变得有章可循。师生共同创写文章能提高学生写作兴趣。

体裁教学法的缺点：教师对写作技巧不够重视，缺少评价修改的过程。

（四）语块教学法

教师在教学中可以采用语块教学法，培养学生运用语块的意识，促使学生不断积累语块，以使学生在写作过程中可以迅速提取并直接运用，提高语言表达的自动化程度，从而写出地道、精美的文章。具体而言，教师可参考如下两个方面。

1.建构相关的话语范围知识

所谓相关的话语范围知识，主要包含与主题相关的各种社会知识与文化知识。在传统的写作教学中，这一环节未引起重视，但是不得不说，这是写作教学的第一步。在这一阶段，教师需要完成以下几个步骤。

（1）引导学生学习和掌握与话语范围相关的知识，可以通过交流，让学生对其他学生的相关经历有所了解。

（2）对与话语范围相关的双语语言进行比较，尤其是不同语言的异同点，从而了解这些语言背后的文化背景，以及文化背景对话语范围所产生的影响。

（3）对与话语范围相关的词汇及表达形式进行列举、选择与整理。具体而言，教师可以引导学生开展如下教学活动：①教师提前为学生准备一些与话语范围相关的语篇，让学生对这些语篇进行比较与探讨，以便发现不同语言的异同点。②在课堂上，教师组织学生探讨自身的经历，如旅游经历，可以让学生对自己旅游过的地方、乘坐的交通工具等进行描述。③为了让学生对主题有更深刻的感受，教师可以组织学生参加与主题相关的活动，如讨论购物主题时可以让学生亲自去超市购物。④教师安排学生准备一些与主题相关的物品，如实物、照片、视频等。⑤教师让学生从写作的角度来认真阅读语篇，并对语篇中的语言符号、辨别意义等有所了解。⑥学生在阅读语篇的过程中，将自己遇到的生词等进行归纳，并将这些新词与已学内容相联系。

2.建立相关语类的语篇模式

在这一阶段，教师写作教学的主要目的包括以下几个：

（1）让学生对语类及相关主题的语篇能够有清楚的了解和把握。

（2）让学生对语类结构与结构潜势有深刻的了解。

（3）让学生对语篇语境有清楚的把握。

（4）让学生对交际目的、交际功能有清楚的了解。

在这一阶段，教师需要完成以下几个步骤的工作：①通过分析语篇，向学生传达与语类相关的知识。②通过分析语篇，让学生感受与语类相关的词汇、结构等，分析这些词汇、结构等如何表达主题。③通过分析语篇，让学生感受语类的社会意义。

　　具体来说，教师在这一阶段可以安排如下几种活动：①教师为学生阅读一遍语篇。②教师与学生一起阅读语篇，可以是教师领读，也可以是学生轮流阅读。③教师引导学生根据语篇的内容，对相关社会与文化背景进行推测，如作者写作语篇的目的、所处的时代等。④教师让学生回忆他们在其他时间学过的类似的语篇，并组织学生分小组交流语篇的主要观点、主要内容等。⑤教师组织学生分析语篇的结构与框架，如语篇由几个段落构成，这些段落如何衔接等。⑥教师或者学生寻找一些类似的语篇，对语类结构进行分析。⑦教师以语类为基础，引导学生对一些规律性的语法模式进行总结与归纳。⑧教师引导学生思考语法模式与语类的关联性。

（五）对比教学法

　　英汉语言之间存在诸多差异，因此对比教学法是让学生了解语言差异、提高教学质量的重要方法。在英语写作教学中，要让学生写出的文章用词地道、语句流畅、逻辑连贯，教师就必须引导学生深入了解英语与汉语的差别。具体来说，教师可有意识地演示与剖析英汉语篇在遣词造句、文章结构等方面的差异，帮助学生在写作时有意识地避免汉语思维的影响，写出符合英语表达习惯的作文，主要涉及以下几个层面。

1.语句层面

　　教师在批改学生作文时应指出不符合英语表达习惯的语句，并可注明地道的英语表达方式加以对比，使学生更清楚地看到差别，并在不断修改的过程中逐渐学会用英语进行思考与表达。例如：

原文：老、幼、病、残、孕专座。

中式英语表达方式：Seats reserved for seniors, young people,patients, the disabled and the pregnant.

规范英语表达方式：Seats reserved for the old,the young, the sick,the disabled and the pregnant.

分析：英语表达在对词汇进行选择时往往注重读者的感受。

2.语篇层面

教师可引导学生了解并思考英语文章是如何发展主题、组织段落、实现连贯的，以此来帮助学生对英语的语篇结构有一个立体的、综合的认识。

3.题材、体裁层面

教师可以对英语文章进行细致的分析，以使学生了解和掌握各种题材和体裁的文章的写作技巧、注意事项等。

（六）文化导入法

教师在写作教学中应多向学生强调文化因素的重要性，将文化背景知识融入教学过程，这样才能显示语言学习和教学的生命力。在具体的写作教学中，教师可采用以下几种方法来培养学生的文化意识，提高学生的写作能力。

1.融入西方文化知识，增强学生的文化意识

在跨文化交际中，因文化差异导致的错误远比语言本身出现的错误严重，因此在英语写作教学中，教师应重视文化差异因素对学生写作的影响，并采取有效的方法来增强学生的文化意识，这对提高学生的写作能力具有重要意义。

在英语写作教学中，教师应成为中西方文化间的中介者和解释者。作为中介者和解释者，教师首先应对某一语言成分所依附的文化内涵及文化背景有一个深入的了解，继而对学生进行讲解，做到语言教学与文化教学的并进。除了要向学生分析语言本身所承载的文化背景知识外，还应适时补充一些西方国家的风俗习惯、社会规则、生活方法、思维模式等文化背景，将西方文化背景知识融入写作教学的各个环节。教师要适时总结中西方文化差异，并形成系统的文化规则，然后介绍给学生，以提高学生的文化差异敏感度和洞察力，培养学生的跨文化交际意识。

2.培养学生的英语思维方式

英语写作教学中，教师应有意识地引导学生对中西方不同的思维方式和特征进行对比研究，包括基本词汇文化内涵比较研究、深层文化对比研究、情景对话行为规则的研究等，帮助学生学习和掌握西方的组织篇章的思维逻辑，引导学生能够用英语思维模式进行写作，从而使学生写出符合英语语言交际规范的文章。这就需要学生用西方的写作思维模式勤加练习，没有大量的练习，写作理论与技巧只能流于形式。学生只有勤写多练，才能发现自己写作中的问题，不断将所学语言文化知识以及英语思维方式应用于英语写作实践，从而逐步提高英语写作能力。

（七）网络辅助教学法

20世纪90年代以来，计算机网络与多媒体技术的发展为我们解决英语写作教学的诸多难题提供了有利条件。多媒体和网络具有资源丰富、情景真实、灵活自如、不受时空限制的特点，通过多媒体和网络，学生可以接触到地道的英语，了解英语文化以及英语文化与汉语文化的不同，还可以激发学习的兴趣，培养自主学习能力。下面通过写作的三个阶段分别介绍多媒体技术手段在写作教学中的运用。

1.构思

写作前，学生需要有写作的愿望，同时考虑与组织自己的思路，拟定写作提纲。借助现代教学技术手段，能帮助学生打开思路。具体来说，不仅包括写作计划、创造性思维、提纲、概念匹配以及图表等写作要素，而且备有具体的写作专题所需考虑的一系列相关的方面，学生写作前从中选择需要的内容，在此基础上经过整理，一般就能为写作做好准备。

2.草拟

在草拟文章阶段，学生可利用计算机中的文字处理软件起草，随时修改内容与文字，同时利用网上提供的一些修改与编辑文章的项目辅助自己的写作。目前很多手机App的专业学习功能也可以让教师与学生以及学生之间同时了解写作内容，指出写作过程中的错误或提出修改意见。这样做一方面加强了教师对学生写作的个别指导，另一方面开展了学生之间的互帮互学，是写作教学中合作学习的具体体现。

3.成文

在成文与定稿阶段，学生可利用各种软件推敲词与句的用法，在综合考虑教师与同学的意见后定稿。传统的英语写作练习在定稿后就交给教师，而使用现代教学技术手段能让学生充分利用网络资源修改文章，还能在网上出版自己的文章。有些网站或者手机客户端设有学生论坛，专供学习外语的学生发表自己的写作成果。学生的文章如能在网上发表，与全世界的读者分享，这对学生来说是巨大的鼓舞。

二、信息技术与高中英语写作教学整合的模式研究

英语写作教学的重要性已毋庸置疑，而对中学英语写作教学现状的分析表明，我国现阶段的中学英语写作教学还有待改进。从国内外信息技术与语言教学整合的研究与实践来看，利用现代网络技术是有可能改进英语写作教学并提高学生的英语写作水平的。在对常用的英语写作教学法进行分析的基础上，在相关教育教学理论的指导下，下文将阐述一种信息技术与中学英语写作教学整合的教学模式。

（一）网络技术与中学英语写作教学整合的原则

根据高中英语新课程标准的目标要求，中学阶段的英语教学要为学生一生的语言学习打下良好的语言基础，使得他们无论面临升学还是就业，都能具备基本的英语素养。中学英语课程教学要根据中学生的认知特点和学习发展需要，在进一步发展他们基本语言运用能力的同时，着重提高他们用英语获取信息、处理信息、分析问题和解决问题的能力，以逐步培养他们用英语进行思维和表达的能力。要达到这些目标，就需

要教师能设计出理想状态下的英语写作模式。笔者认为理想的英语写作教学模式一般要遵循以下原则。

1.以先进的教育理论为指导的原则

教育理论是研究者在大量的教学实践中总结出来的，对教学有着十分重要的指导作用。教师在进行教学设计时要充分分析各种理论的优缺点，把握不同理论的适用情况，选择恰当的教育理论作为指导。

2.适应个性化需求的原则

写作是一个很个性化的过程，中学英语写作课程要有利于学生个性和潜能的发展。由于学生现有的语言能力及学习方式等方面存在差异，中学英语写作课的教学设计不但要符合学生的生理和心理特点，还要考虑不同学生的不同情况。教师只有尊重学生的差异并满足不同学生的不同学习需求，才能真正实现面向全体学生，为学生的终身发展奠定基础的目标。

3.促进主动学习的原则

根据建构主义学习理论，学习者学习新知识、获得新技能的过程是学习者在自己原有的知识技能基础上对新知识、新技能进行顺应质变或同化量变的过程。这个过程是一个主动的意义建构过程，与学习者原有的知识技能结构、认知特点、所处学习环境都有密切联系。因此，中学英语写作课程的设计要有利于学生的自主学习，能让他们积极、主动地参与课堂教学活动，主动探索问题、寻求解决问题的方案，以达到获得知识、掌握技能和发展能力的目的。

4.关注学生情感的原则

中学英语教学写作还应注意对学生情感的培养。当学生对自己、对英语教学、对英语学习以及对英语国家的文化有了情感和兴趣时，才能极大地促使自己自觉地进行英语学习，保持英语学习的热情和动力，进而取得英语学习的进步。相反，消极的情感和态度会影响学生学习英语的兴趣和效果，还可能对学生的全面发展和长远发展产生消极影响。中学生正处在向成年人转化的重要时期，也正处于人生观和价值观初步形成的特殊时期。因此，中学英语教师应特别关注学生的情感培养，平等对待每个学生，尊重学生的个性和意见，特别是那些性格内向和学习上有困难的学生，应鼓励他们积极向上，在英语学习上努力尝试。教师在英语教学中要创造多种合作学习的机会，促使学生互相帮助、相互学习，培养集体荣誉感，并能拥有成就感。培养合作精神，建设融洽畅通的师生交流沟通渠道，意在营造一个宽松、民主、和谐的教学学习氛围。在英语教学过程中，需要培养学生独立思考和独立判断的能力，发展学生与他人合作和沟通的能力，提高他们跨文化交流和跨文化理解的能力，树立正确的人生观、价值观和世界观，增强其社会责任感。

5.综合性原则

综合性原则也就是坚持写作与听、说、读相结合的原则，因为写作并不是孤立存在的。英语学习是一个系统的过程，写作只是英语教学的一部分。虽然听、说、读、写各有自己的特点，但在本质上它们之间是相互依赖、相互促进的关系。具体来说，说可以为写奠定基础，写则是说的发展；把听作为输入的方式来获取写的内容，以写来反映听的结果；通过阅读范文，学生可以获取一系列的写作资源，如语言、观点、篇章结构等资源，这些通过阅读获得的写作资源在一定程度上能减轻学生的写作负担。

6.重视评估原则

教师在写作教学中尤其要重视评估原则，并不是学生写完作文交上就了事了，学生的习作必然存在这样那样的问题，教师只有进行认真的评阅，才能使学生及时得到反馈信息以进一步修改习作，不断提高写作能力。一般来说，写作教学过程中涉及的评估主要有两种，即结果评估和过程评估。

（1）结果评估

"写作成品"是写作完成的标志，对写作结果的评估也就是对学习成绩的评估。在传统的教学环境中，教师通常采取"等级"方式来对学生上交的作业进行评估，即结果评估。这种评价方式虽然可以在一定程度上帮助学生发现问题，但其缺点也是十分明显的，既增加了教师的负担，也容易使学生失去写作的信心。

根据相关研究成果，要切实帮助学生提高写作水平，仅依靠写作惯例的监测是远远不够的，还应使用建设性、鼓励性的反馈。此外，对写作过程与写作内容的评估也有助于培养学生对写作的兴趣和正确态度。在面对学生的错误时，教师应避免过度纠错对学生自尊心带来的伤害。教师在学生几经修改或校稿以后及时进行反馈是目前较提倡的做法。教师在给出反馈时，应当以鼓励为主，并在必要时指出需要改进之处。

（2）过程评估

对于英语写作来说，结果评估多于过程评估。然而，如果将写作教学看作一种过程，过程评估的重要性也是不言而喻的。一般来说，过程评估具有十分丰富的形式，且是在写作过程中进行的，既可以由教师进行评估，也可以由教师在示范如何评价的基础上发展学生互评的能力，即由学生以讨论的方式进行。教师可在互评讨论环节为学生提供一些可参考的问题。需要注意的是，这些问题应当对互评的成功起到关键性的作用。此外，学生自评也是过程评估的有效形式。

（二）信息技术与中学英语写作教学的整合模式设计

教师在进行信息技术与学科课程整合时要先诊断出网络技术与学科课程的整合点。钟绍春认为，进行整合点的诊断就是要分析每一个理想教学步骤是否能在常规教学手段的支撑下完成，完成的效率和质量如何；然后，分析信息技术手段对每一步的支撑情况如何，是否比常规教学手段质量或效率高，如果确实高的话，该步骤就是整合点。网络技术与课程整合的共性整合点可以分为以下六种类型：激发兴趣类、快速获取信息类、知识呈现形态类、知识转化为能力类、系统训练类、增大信息量类。

在对常用的英语写作教学法进行分析的基础上，在相关的教育教学理论的指导下，笔者认为，网络技术与中学英语写作教学的具体整合可按以下八种模式来实现。

1.创设情境，激发兴趣

在传统的写作教学中，教师通常以口头或书面文字描述的形式向学生传达写作任务，学生被动接受，对写作任务缺乏兴趣。而在信息技术环境下，教师可以搜索大量的图片、音频、视频等素材，利用多媒体软件制作课件，创设语言情境，使学生有身临其境的感觉，激发他们用文字进行交流表达的愿望，激发他们的写作灵感。在这一阶段，网络技术所起的作用是激发兴趣、丰富知识、呈现形态。

2.师生协商讨论

在师生就写作主题进行讨论的阶段，双方可以通过网络搜索大量与写作主题相关的背景资料。写作是人们以文字的形式将对客观世界的认识表达出来的方式。要写好作文，就需要有丰富的生活经验积累。学生的实际生活经验往往不足，但有了这些背景资料，学生就可以获得与写作主题相关的间接经验，讨论就有了依据，不至于无话可说。

另外，在网络交流工具的支持下，当学生在本小组讨论中发现的问题不能及时得到解决时，可以将其发布到网络上，听取来自其他小组成员和教师的建议，问题被解决的机会也会大大增加，从而提高学生发现问题和解决问题的积极性。同时，在这种网络环境中，每个学生的"发言"机会是均等的，这使每一个学生都能参与学习活动中并发展自己的能力。"发言"是以文字的形式进行的，这本身也是一种训练写作能力的过程。

3.范文分析

在只使用黑板、粉笔的传统教学模式下，受时间所限，教师通常只能在黑板上写下一两篇范文进行讲解，供学生模仿写作。这样常常导致学生写出来的作文千篇一律。范文的难度和写作风格也难以满足不同层次写作水平的学生的需求。教师给学生提供范文，实际上是对学生进行语言输入，学生创作习作是一个语言的输出过程。根据克拉申的语言输入输出理论，学生只有在接受了略高于自己现有语言水平的"可理解性输入材料"时，才能对其语言发展产生积极的作用，而太难的语言材料输入对语言的输出是没有意义的。在网络技术环境下，教师可以很容易地建立起范文库，提供大量不同层次和写作风格的范文，让学生根据自己的能力、水平和兴趣来选择参考范文，从而激发大脑中的语言习得机制。同时，学生也可以利用搜索引擎检索所需的范文。

4.学生独立完成初稿

词汇和语法错误是学生在写作时经常犯的两类错误。学生在进行独立创作时难免会遇到词汇和语法方面的困难。当无法解决时，他们通常会感到焦虑，写作兴趣会降低，思维水平也随之下降。而利用信息技术进行写作，学生很容易就可以进行单词语法的查询，及时解决这方面的问题，使思维的表达能顺利进行下去。编辑工具，如 Word 能自动检查单词拼写错误，方便的文字移动、删除、复制等功能使得学生敢于大胆地写作和对作文进行反复修改，这些都能提高学生的写作热情。

5.对初稿进行评价

网络环境更有利于学生之间展开习作互评。为避免出现有些学生的习作无人评价的情况，教师应先将学生进行分组。每个学生都要对自己所在小组成员的习作作出评价；在时间允许的情况下，也可以对其他小组成员的作文进行评价。这样，学生就能尽可能多地学习他人习作中的长处，自己的作文也能得到多方面的意见和建议，有利于自身写作水平的提高。

6.修改定稿

在得到多方面的评价和建议后，学生对自己的习作进行修改。网络技术环境下的写作工具使得修改变得更加容易，几经修改的文稿不会像用传统纸笔所修改的文章那样凌乱不洁，也不需要重新花时间誊写。

7.优秀习作点评

学生将修改后的习作上交后，教师可以将优秀习作放入范文库或专门的优秀习作库，这对学生是一种很大的鼓励。与传统课堂上的评讲优秀范文相比，在网络技术的支持下，教师可以选择更多的学生作品作为优秀范文"发表"，有更多的学生能够得到来自教师的这种肯定鼓励，这能够极大地提高学生学习的积极性。

8.网络环境下的自主学习

在网络环境下，教师可以为学生提供大量自主学习资源，学生可以根据自己的写作薄弱环节选择内容进行自主学习。比如，教师可以根据不同体裁、不同主题创建写作模板库，为学生的写作搭建支架，使学生的写作能够思路清晰、层次分明，学生在经过一段时间的练习后掌握了作文篇章结构要领，在没有模板的情况下也能写出结构清晰、衔接恰当的好文章。

写作是学生对语言知识的综合应用，教师可以建立语言基础知识练习题库，如单词拼写题、句子结构题、段落排序题、语法改错题。学生根据自己在写作时存在的问题选择题型、题量进行有针对性的练习。对于英语基础较好的学生，教师可以鼓励他们登录国外的一些英语写作网站进行提高学习。例如，耶鲁大学的写作中心提供了大量的写作资源，维多利亚大学的写作指南超文本也提供了详细的英文写作资料。

参考文献

[1]曾大立.信息化教育与英语教学[M].北京：九州出版社,2018.

[2]程亚品."互联网+"时代下信息技术与英语教学的深度融合[M].天津：天津科学技术出版社,2019.

[3]王淼."互联网+"背景下信息技术与英语教学的深度融合[M].长春：吉林出版集团股份有限公司,2022.

[4]晁友波.高中英语课堂教学模式创新[M].北京：现代出版社,2019.

[5]岑转娣，蔡吉，秦丽静.网络环境下的中学英语教学研究[M].青岛：中国海洋大学出版社,2018.

[6]陈莉著.英语教学与互联网技术[M].北京：光明日报出版社,2017.

[7]何爱莲.基于深度阅读的高中英语读写结合教学探索[J].英语教师,2023,23（15）:77-80.

[8]胡佳丽.依托现代信息技术开展高中英语教学的探索[J].学周刊,2023（27）:145-147.

[9]李秀英，崔克榜，王丹.高中英语课堂教学探索与创新[M].长春：吉林人民出版社,2021.

[10]刘慧敏.教育信息化背景下高中英语教学探究[J].好家长,2023（17）:61-63.

[11]罗春燕.以读促写法在高中英语写作教学中的运用策略探究[J].教师,2023（16）:63-65.

[12]唐俊红.互联网+英语教学[M].北京：新华出版社,2018.

[13]黄少华.新时代高中英语教学的研究与探索[M].长春：吉林人民出版社,2020.

[14]李静.核心素养指向下高中英语口语教学探索心得[J].上海教育,2023（33）:68-69.

[15]王冉."英语流利说"支持下的高中英语口语教学实践探索[D].扬州：扬州大学,2023.

[16]王小红."以读促写"在高中英语写作教学中的践行探索[J].中学生英语,2022（14）:51-52.

[17]逄迪.基于高中英语"读写一体化"的教学策略探索[J].中学生英语,2023,（38）:29-30.

[18]兑瑞.新高考背景下高中英语写作教学新探索[J].校园英语,2023,（12）:73-75.

[19]孙凯.基于教、学、评一体化的高中英语教学设计探索[J].中学教学参考,2023,（24）:61-63.

[20]杨美林.高中英语阅读"以读促写"教学实践探索[J].甘肃教育,2023,（14）:117-120.

[21]孙立宗.师生互动，合作探究——高中英语阅读教学策略探索[J].吉林广播电视大学学报,2023,（05）:135-137.

[22]孔祥鸿.信息技术与高中英语教学融合策略探索[J].中学生英语,2023,（14）:81-82.

[23]袁刚.高中英语写作教学路径的探索与实践[J].天津教育,2022,（31）:19-20.

[24]赵志新.高中英语写作分层教学实践探索[J].山东教育,2023,（26）:52-53.

[25]赵琦.核心素养视角下的混合式高中英语写作教学探索[J].现代教学,2022,（S2）:29-30.